山东大学主办
山东大学国际问题研究院承办

主　　　编：张蕴岭
副　主　编：张景全　李　远
执行副主编：徐海娜
编　　　辑：崔明旭　孙志强
编　　　务：边　宁

编委（按姓氏音序排列）

安忠荣　毕颖达　楚树龙　河合正弘　肯特·卡尔德　李晨阳
李　远　罗　洁　秦亚青　时殷弘　唐永胜　佟家栋　魏志江
吴心伯　杨鲁慧　翟　崑　张慧智　张景全　张丽娟　张蕴岭
赵玉璞

编辑部联系方式：
地　　址：山东省威海市文化西路180号山东大学国际问题研究院
邮　　编：264209
投稿邮箱：dongyapinglun@163.com
电　　话：0631-5680812

山东大学主办

山东大学国际问题研究院承办

东亚评论

第 35 辑

张蕴岭 ◎ 主编

图书在版编目（CIP）数据

东亚评论．第35辑／张蕴岭主编．--北京：世界知识出版社，2021.11
ISBN 978-7-5012-6469-8

Ⅰ．①东… Ⅱ．①张… Ⅲ．①政治—东亚—丛刊 Ⅳ．①D731-55

中国版本图书馆CIP数据核字（2021）第253264号

责任编辑	刘豫徽
责任出版	王勇刚
责任校对	张　琨
书　　名	东亚评论（第35辑） Dongya Pinglun（Di 35 Ji）
主　　编	张蕴岭
出版发行	世界知识出版社
地址邮编	北京市东城区干面胡同51号（100010）
经　　销	新华书店
网　　址	www.ishizhi.cn
投稿信箱	lyhbbi@163.com
印　　刷	北京虎彩文化传播有限公司
开本印张	787毫米×1092毫米　1/16　12印张　1插页
字　　数	146千字
版次印次	2021年11月第一版　2021年11月第一次印刷
标准书号	ISBN 978-7-5012-6469-8
定　　价	68.00元

版权所有　侵权必究

目录

主编笔记

对全球化的思考 　　　　　　　　　张蕴岭 / 1

国际政治

新冠肺炎疫情与东亚地缘政治新变局

　　　　　　　　　　　　　　　　林利民 / 7

《区域全面经济伙伴关系协定》与

　《全面与进步跨太平洋伙伴关系协定》的

　　战略融合：现实还是幻想　［韩］安忠荣 / 20

美日同盟框架下日本的外交行动模式

　　　　　　　　　　　　　　　　赵宏伟 / 40

拜登政府对华全面战略竞争：

　背景、表现及挑战　　　　　　　孙志强 / 61

区域与国别

美国在东南亚的领导力困境探析

（1991—2021）　　　　　翟崑　原瑞辰 / 81

新冠肺炎疫情下的东南亚跨境人口流动：

　现状、治理与启示　　　　　　　梁　劲 / 94

历史与文化

观念阐释与政策构建：

 俄罗斯生态文化研究与启示   王 野 / 120

经济与合作

从离散到整合：

 后疫情时代亚太区域经济合作的演进

         沈陈   沈铭辉 / 138

青年学人

"21 世纪海上丝绸之路"倡议下的

 中国海洋秩序观：

 分析框架、内涵与远景展望

         孟晓宇   张景全 / 161

主编笔记

对全球化的思考

张蕴岭[*]

全球化是当今世界发展的典型特征之一,很少有国家置身事外。全球化的基础是世界市场开放,而世界市场开放的基础是国家市场的开放。国家市场开放首先取决于政府、企业、个人对市场开放的认同,即认同通过开放可以获益。在此基础上,政府制定推动开放的措施,参与推动市场开放的合作机制;企业、个人利用开放的环境从事经营与其他跨国活动。

在开放发展战略定位和"自由主义理论"的助推下,世界大多数国家都对扩大开放有着高度的认同。然而近年来,反全球化、逆全球化的声音、势力和行动突然涌现。于是,对于全球化的议论、讨论也就热了起来,有的观点甚至认为,全球化已经终结。

究竟如何认识全球化的发展?首先需要了解什么是全球化。概括地说,全球化有三个基本的特征:一是各国支持并且积极参与对外开放,这包括大力发展对外贸易,吸引外资和对外投资,以及进行多样的内外交往活动,从而使得经济的发展与外部市场紧密联结;二是各国积极参与全球和区域市场的开放议程,在多边和区域开放框架下,

---

[*] 张蕴岭,中国社会科学院学部委员,山东大学国际问题研究院院长。

各国构建基于规则的相互联结;三是公司企业以开放的世界市场为平台,进行国际化经营(包括资金、生产和人员流动等),构建分工链、供应链与互联网络。显然,经济发展意义上的全球化意味着全球联结为一个整体,各国的经济社会活动相互联结、相互依赖和相互影响。

在聚拢的开放因素推动下,全球化出现了加速发展的趋势。然而,2008年全球金融/经济危机对全球化的发展造成巨大冲击,人们开始对自由主义思想导向下的全球化进行反思,出现了"反华尔街运动",提出了全球化导致"1%与99%"两极化的问题,即1%的人控制了世界99%财富,华尔街被作为1%的象征。

自2020年开始的全球新冠肺炎疫情导致全球供应链中断,并且引发对发展安全的反思,加上经济安全的政治化等概念的发展,使得政府、企业和个人都对全球化有了新的认识,引发认知、政策和行动上的转变,使得全球化进入了新的调整期。在这一阶段全球化暴露的问题主要如下。

其一,失衡问题。国家间、地区间失衡,产业结构失衡。相互依赖、对外开放、产业链和供应链有利于分工和参与,有利于经济效益和增长。但是,过度分解、过度外移会导致失衡。如,大量外移会出现产业"空心化"问题,产业外移出去后,如果没有新的产业替代,则会导致原有的产业带衰落。产业结构调整和转移是必要的,但需要有产业政策支持,推动新产业发展,填补"空心"。如果传统产业转移后没有替补更新,那些地区就可能成为衰落的"铁锈地带",那里反全球化的声音就大。

其二,发展的安全问题。从经济效益上讲,供应链越长越好,因为精细分工会提高效率。但疫情下各国采取的封堵措施,使得原来运转良好的供应链产生断裂，出现了断供问题。这种情况下最先受到冲击的是汽车行业、电子产品，这些行业的产业链最为细化。在此情况下，企业、政府开始反思，不能一切都依靠外部，要在紧急情况下具备基本供给保障能力，特别是要有基础与核心保障。为此，企业、政府都采取了一系列措施，出台相应政策。像美国，把供给安全政治化，开始对中国的供应链参与、高科技参与采取脱钩政策。总的来看，各国政府、企业、个人都对总体发展安全、经营安全和就业安全给予更大的关注。

其三，财富的"极化"问题。在开放竞争的环境下，大者得势，能者胜出。因此，财富向大者、能者集中。全球化越发展，财富积累的两极化越严重。因此，对全球化的质疑和反对也就越强烈。如前所述，2008 年美国发生次贷危机，在美国出现了反"华尔街运动"，大批群众冲向华尔街，在欧洲和其他国家，反全球化的势力也急剧增加。

在上述背景下，全球化进入调整期，但全球化不会死亡，开放、分工、供应链等，这些都不会终止，新科技还会助推新的全球化发展。新全球化的趋势有如下几个特点。

在政策层面，政府会更加重视本国基本必需品的安全供给保障能力，降低重要必需品的对外依赖程度，加大对产业回归的支持力度，采取措施限制核心要素流出，如核心科技、国计民生关键产业。同时，在法律法规层面增强监控和限制力度。许多国家都开始制定更为严格的外资审查与批准法规，限制外资进入核心技术领域，严防外资在经济困难的时候以低价购买本国企业。以经济安全、社会安全与政治安全为理念的"民族保守主义"将会产生更大的影响力。不过，尽管如此，没有一个国家宣称要对外关闭大门，美国也不例外。美国政府考虑更多的是政治，是限制对手的竞争能力，毕竟美国只有依靠世界市场才可以获得最大利益。

在经营战略层面，企业将更加重视供应链的安全。为此，企业可能会缩短供应链环节，力求掌握核心环节；为降低运营成本，可能会大规模使用机器人等智能化技术。但是，企业特别是大企业，会更加重视国际市场的机会，因此不会退缩到国内。相反，它们会利用掌握的新技术构建基于世界市场的大网络，把更多的企业纳入物联网之中。

在社会层面，公民对政府的诉求压力增大，要求限制外来资本、外来人口流入，保证就业机会，提高社会保障力度等。不过，也有更多的公众依靠更加开放的社会、经济和政治环境，获得更大、更好的就业与发展空间。因此，尽管原来的自由主义将失势，但是全球化与公众利益的关系还是非常密切的，极端的排外主义势力难以得到大多数公众的支持。

从未来趋势看，全球化理论与舆论已经转向"有管理的全球化"或"有限制的全球化"。尽管如此，全球化已经是全球经济社会运行体系的一个重要组成部分，不可能被简单抛弃。作为一个发展的进程，全球化可调、可控、可变，但不可逆，无论是国家、企业，还是社会群体，都不可能全身而退，退缩到封闭的所谓"部落社会"。比如，政府可以支持企业回归，但不可能强制企业都回归。在现实中，为数众多的企业是回不去的，特别是那些依赖当地市场与要素资源生存的企业。

新冠肺炎疫情总会过去，有关后疫情政策、经营战略与公民意识的思考、讨论、辩论和调整将会继续，而且会持续很长时间，有关全球化的反思和调整也还会继续。面对肆虐全球的新冠肺炎疫情，悲情、悲观和极端的情绪往往会占上风，但疫情过后，回到正常状态，更为平衡、理性与睿智的意志和行动会逐步回归主流。从以往的历史经验看，每次大灾都会给人类提供教训，让人类变得更为理性与富有智慧，推动进步，而不是后退，新冠肺炎疫情也不例外。

就全球化发展而言，新一波浪潮已经到场，可称为网络、数字全球化，即以信息化、智能化和数字化技术的发展为推动力，构建物联网，将各个经济社会活动纳入网络之中的全球化新进程。事实上，全球化不仅是在经济领域，生态、环境和气候变化的联动性也很强，没有哪个国家可以置身事外，政治、国际关系也越来越具有全球性的影响。

从大趋势来分析，新型全球化的突出特点如下。其一，嵌入人工智能、大数据和大网络技术，构建空间物联网，打破传统国家边界限制，形成空间链接，大网络框架下多要素融合。由此，超越现有的供应链模式，中小公司、个人被融合到空间网络体系之中。其二，市场开放与均衡发展更好地结合起来，改变自由主义主导下的"唯开放"方式，各国更关注全球化下国际财富积累与国内社会经济平衡，国家整体安全体系的构建，也就是说，新型全球化是走向更加均衡的全球化。其三，现行的国际机构、合作机制与平台将会根据实际发展的需要进行调整，特别是要适应新全球化发展的需要，为新全球化的发展提供支持和便利。

中国是全球化的受益者。改革开放为中国参与全球化打开了大门，实现了经济的快速发展。因此，中国也是全球化的积极推动者和维护者。在保护主义、民粹主义和政治干预主义上升的情况下，中国必须坚持改革开放的大方向，推进市场导向的改革，把开放发展与安全发展、共享发展更好地结合起来；必须在新全球化的进程中逐步构建新的开放体系，在维护多边体系基础的前提下，推动改革，适应新的变化，推动大型区域开放安排，以区域安排新规则推动全球规则进步。比如，中国主动申请加入《全面与进步跨太平洋伙伴关系协定》（CPTPP）、《数字经济伙伴关系协定》（DEPA），就是要以更高的标准和规则与自身的体制对接。

中美关系正在进入一个新的转折期，其中，战略对抗性与制度竞争性大大增强，经济与政治、经济与战略、经济与安全紧紧地缠绕在一起。美国主导世界的能力下降，但在重要的领域还是重要的主导、导向与引领者。因此，美国还是影响中国外部发展环境的最重要影响因素。这需要中国在处理中美关系时把握好应对、斗争与合作的平衡，以维护中国发展的战略机遇期的可持续外部环境。

每个国家都有符合国情的特色治理方式，但是，特色不是另搞一套，不是另起炉灶，必须与大趋势、大结构和通行规则相容，要能与其他的市场机制与规则对接。中国是一个大国，与一般的国家不同，任何大的变动都会对外部产生重要的影响。因此，他国，特别是大国对中国的政策往往包括复杂的因素，既有利用中国，与中国开展合作的考虑，也有应对中国、"规范中国"，与中国开展竞争的考虑。中国面对一个非常复杂的外部世界，这是中国在新形势下，参与和推动新全球化发展的一个大环境。对此，中国需要审时度势，保持审慎、智慧与自信的定力，减少冲突和对抗，增加理解与合作。

国际政治

新冠肺炎疫情与东亚地缘政治新变局

林利民[*]

摘　要　新冠肺炎疫情对东亚地缘政治格局产生三大影响：一是东亚成长为全球地缘政治中心的历史进程进一步提速；二是东亚域内地缘政治关系进一步复杂化；三是其他国家和地区，包括印度、英国、欧盟、澳大利亚等纷纷加紧"向东看"，美国尤其加快其谋划已久的"战略东移"步伐。凡此，又导致东亚地缘政治环境更加复杂、各主要力量中心在东亚的地缘政治博弈更趋激烈。未来五到十年，东亚国家间一方面经贸投资联系、合作将更加紧密，域内国家间的经济相互依存继续加深；另一方面主要受美国东亚地缘政治需求及中美、中日等大国地缘政治博弈拉动，东亚国家间政治与安全方面的分化、分裂态势可能进一步强化。经贸投资联系的强化与政治、安全方面的分化、分裂，以及中、日、俄、美、韩、朝及东盟等军事安全竞争持续加剧，其他如欧盟、澳大利亚、印度及英国等国家和地区加大介入力度，将深刻影响东亚地缘政治环境，东亚地缘政治博弈将更激烈、

---

[*]　林利民，国际关系学院国际政治系教授。

更复杂,区域合作进程在动力增大的同时,阻力也将增大。

关键词 新冠肺炎疫情;地缘政治;东亚格局;东亚安全竞争;中美日博弈

东亚通常是指马六甲海峡以东地区、包括东北亚中国、日本、韩国、朝鲜、蒙古、俄罗斯(远东地区)及东南亚11国等。新冠肺炎疫情对东亚国家的伤害程度大大低于美欧等西方国家和地区,以及东亚各国间受疫情冲击差异性很大的事实,对东亚在全球的地缘政治地位及东亚内部的地缘政治关系产生了深刻影响。世界各主要力量纷纷在地缘政治安排上"聚焦"东亚,凸显东亚已经上升为全球地缘政治中心的国际政治现实,尤其使未来东亚地缘政治关系更加复杂、地缘政治博弈更趋激烈。

一、东亚业已上升为世界地缘政治中心

自2008年世界金融危机以来,尤其伴随着中国崛起进程不断加速,有关东亚替代欧洲成为世界地缘政治中心的讨论,一直是国际社会久盛不衰的地缘政治话题。2012年12月,美国国家情报委员会发布的第五份全球发展趋势研究报告《全球趋势2030:变换的世界》(*Global Trends 2030*:*Alternative Worlds*)更具体预测2030年中国经济总量将"跃居世界老大",亚洲国内生产总值、军事开支和科技投入将超过美欧之和。[①] 起自2020年初的全球新冠肺炎疫情及全球抗疫的

---

① 美国国家情报委员会编、中国现代国际关系研究院美国研究所译:《全球趋势2030:变换的世界》,时事出版社,2013,第40-41页。

后果，大大促进了东亚经济总量"赶超"美欧的步伐，凸显东亚已成为全球地缘政治中心的国际政治现实。

根据美国中央情报局（CIA）2017年统计数据，中日韩及东盟等东亚国家和地区按汇率计算的GDP总量近22万亿美元，约占全球总份额的27%；而按购买力平价（PPP）计算的东亚GDP总量近43万亿美元、约占全球总份额的1/3；2017年东亚中、日、韩及东盟等国家和地区的贸易总额约11.2万亿美元，大体占全球贸易总额的36%。① 而根据2020年7月的数据，中、日、韩及东盟等东亚国家和地区的总人口约为23亿，占世界总人口30%，远高于欧洲、北美；陆地面积约1552万平方公里，占世界陆地总面积的10%以上，虽次于北美，却远高于欧洲。即是说，新冠肺炎疫情暴发前，东亚国家不但人口总量、贸易总量大大高于欧洲、北美两大地缘政治板块，而且无论是按购买力平价计价或是按汇率计价，东亚国家的经济总量也分别超过欧洲、北美。②

自2020年1月以来全面暴发的全球新冠肺炎疫情虽然无例外地光顾东亚及欧美等西方国家，但欧洲、北美疫情更严重，受疫情打击也更惨烈。美欧继第一波疫情后，又普遍陷入第二波疫情，成为全球新冠肺炎疫情的重灾区。据凤凰网数据，截至2021年10月2日，欧洲、北美新冠肺炎确诊病例已超过1亿（102500968），约占全球确诊病例的44%；因新冠肺炎疫情致死人数超过200万例（2063180），约占全

---

① The World Factbook-Central Intelligence Agency, https://www.cia.gov/library/publications/the-world-factbook/geos/vm.html.

② The World Factbook-Central Intelligence Agency, https://www.cia.gov/library/publications/the-world-factbook/geos/vm.html.

球同比的43%。① 在经济方面，疫情期间，欧洲、北美经济普遍收缩，与之相一致，欧洲、北美在全球贸易、投资中的占比也明显下跌，国际影响力更因美欧从阿富汗仓皇撤军等因素的叠加影响而呈断崖式下降。

面对突如其来的新冠肺炎疫情，东亚国家普遍有强有力的政府领导抗疫，而受儒家集体主义文化影响较深的东亚民众也更能配合政府的抗疫举措，使得东亚各国普遍能较成功地应对新冠肺炎疫情。相对于美欧等西方国家，东亚人均确诊病例和死亡数相对较低，相应地，东亚国家经济、贸易及社会生活和政治稳定受冲击程度也低于美欧。2020年，中、越等国经济维持正增长，中国是世界上各主要经济体中唯一保持正增长的大国。②

2021年春以来，东亚一些国家因受疫情在全球泛滥成灾的冲击以及没有采取严厉的防控措施，导致抗疫形势恶化。尽管如此，东亚国家新冠肺炎确诊病例、死亡病例，无论是绝对数还是相对人口总量的百分比，都远低于美欧。

虽然疫情无例外地打击了东亚经济，但东亚国家在经济增速上较之美欧的优势不仅没有缩小，反而继续拉大。亦即是说，疫情实际上导致东亚经济总量赶超美欧的步伐在加快而不是相反。进入"后疫情时代"，东亚国家相对于欧洲、北美的经济增长率优势还将继续拉大，因而相对于欧洲、北美的经济总量优势也将进一步扩大，人均GDP较之美欧的差距则会进一步缩小。

---

① 《全球疫情实时动态（COVID-19）》，凤凰新闻，https://news.ifeng.com/c/special/7tPlDSzDgVk?needpage=1&webkit=1。

② Economic data, "Economic & financial indicators," *The Economist*, March 6–12, 2021, p. 84.

总之,疫情期间东亚国家相对于欧洲、北美的经济增长率优势进一步扩大,其直观地缘政治后果是:世界性权力转移的步伐大大加快,东亚的影响力将进一步提升。

二、东亚地缘政治格局与权力结构的新变化

冷战结束后的头十几年,主导东亚地缘政治博弈态势的地缘政治力量主要有:中、美、俄、日、韩、朝及东盟。其中,美国作为世界唯一超级大国,其综合实力与地缘政治影响力当时正处于历史巅峰,在东亚享有较大的综合优势;日本当时作为世界第二大经济体,在东亚享有经贸投资方面的优势,其对东亚的地缘政治影响力也处于战后历史高位;韩国虽然在国家规模上属于"中等强国",但其实力和地缘政治追求也处于历史峰巅,在东亚政治博弈中表现活跃,一度"展现出大国外交姿态";[1] 俄罗斯虽然综合实力下降,但通过俄越合作,在东亚也维持一席之地;东盟在大国间纵横捭阖,东盟区域主义沿上升路线发展,使得东盟在东亚地缘政治博弈中取得一系列成功。中国综合实力虽然在上升,但较之美日仍差距较大,战略上奉行"韬光养晦",在这一时期的东亚地缘政治博弈中常低调行事。

亚洲金融危机以来,随着中国崛起步伐加快及东亚全球地位上升,东亚地缘政治格局及权力结构开始出现明显变化,显示出一系列新特点,而新冠肺炎疫情对东亚与美欧间及对东亚内部的不同影响,使东亚这些攸关东亚地缘政治结构的新变化、新特点更加突出、

---

[1] 赵传君主编《东北亚三大关系研究》,社会科学文献出版社,2006,第80页。

明朗。

就东亚内部而论,由新冠肺炎疫情揭开面纱、涉及东亚地缘政治结构的变化主要如下。

其一,日本综合实力和影响力明显下降。冷战结束时,日本是世界第二大经济体,也是东亚第一大经济体、第一大国防开支国和第一大贸易体。日经济总量一度是中国的4倍,超过其余东亚国家的总和;包括中国在内的多数东亚国家都以日为头号贸易伙伴;日本也是东亚国家外来援助的主要来源国。因此,日本虽受历史因素制约,但其在东亚的地缘政治活动俨然反映其欲在美国支持下成为"政治大国和军事大国",谋求主导东亚事务。[①] 但是,近年日本综合实力及其在东亚的影响力双双下降,新冠肺炎疫情对日本的沉重打击尤其使日本实力和地缘政治影响力下降的面纱被无情揭开。目前,日本经济总量只占东亚1/5、只及中国的1/3;其国防开支也只及中国的1/3;而其东亚第一大贸易体的地位则被中国取代,大多数东亚国家包括日本在内,都以中国为头号贸易伙伴。日本综合实力的下降使其不能不收敛其欲当东亚盟主的地缘政治野心,其在东亚的地缘政治目标、政策与策略不能不做相应调整。

其二,韩国在东亚的地缘政治影响也呈下降趋势,其地缘政治活动范围有所收缩。冷战后初期的韩国在东亚的地缘政治活动一度表现活跃,是东亚主要地缘政治主体之一。当时韩经贸实力增长抢眼,一些韩国企业在东亚极有竞争力,韩军费开支也持续增长。韩不仅要做"中等强国",还有意在综合实力上追赶日本,争取与日本比肩。近

---

① 赵传君主编《东北亚三大关系研究》,社会科学文献出版社,2006,第248页。

年，面对东盟及中国的竞争压力，韩国综合实力在东亚的占比明显下降，朝鲜核导研发的进展对韩国形成极大的牵制。韩国不得不面对现实，调整战略，其在东亚的地缘政治活动也不再像冷战后初期那样高调。

其三，东盟在东亚的地缘政治影响力明显增大。冷战后初期的东盟刚走出动荡期，东盟一体化还在起步过程中，其集团力量的显示还需要一个过程。加之东盟多数国家的经济发展水平及综合实力较之中国、日本、韩国差距较大，其在东亚的地缘政治博弈中采取"以守为守"战略，影响力有限。近年来，东盟一体化连上台阶，取得质的飞跃，被认为是世界上除欧盟外最成功的区域一体化组织。作为一个整体，东盟的经济总量、贸易总量已堪比大国。由于其地缘政治地位重要、资源丰富、增长前景广阔，兼之东盟地区论坛、东盟峰会及"东盟+"等组织及其活动在东亚不断发展、推进，东盟在东亚的地缘政治影响力也已堪比大国。

其四，朝鲜的发展变化使朝鲜在东亚地缘政治博弈中成为一支不容忽视的力量。冷战结束时，朝受苏联解体、东欧剧变冲击最大，其原有的经济、贸易框架被解构，进入经济困顿期，朝称之为"苦难行军"。朝因而采取"自保"政策，较少关注外部事务。[①] 近年朝经济、政治相对稳定，朝鲜有核遭到联合国的制裁使其发展环境变得严峻，但在一定程度上也增大了朝外交砝码和地缘政治权重。[②]

其五，俄罗斯近年综合实力有所恢复，较之冷战初期更愿意在国

---

① John Delury, "Trump and North Korea," *Foreign Affairs*, March/April 2017, p. 47.
② Lami Kim, "South Korea's Nuclear Hedging?" *The Washington Quarterly*, Spring 2018, p. 119; Robert Jervis and Mira Rapp-Hooper, "Perception and Misperception on the Korean Peninsula," *Foreign Affairs*, May/June 2018, p. 103.

际地缘政治竞争中投入力量。鉴于东亚崛起加速，俄在东亚的战略利益呈上升态势，俄"转向东方"战略已从理念转变为政策实践，其在东亚的地缘政治活动和影响力也在增强、增大。

值得重视的是，对东亚地缘政治关系和力量结构变化具有重要影响的因素还有以下几个。

其一，美国因素。美综合实力较之冷战初期已经有所下降，美为实现其酝酿已久的"战略东移"计划、应对中国崛起，正从阿富汗及中东收缩，并"聚焦亚太"。其全球性综合实力虽然有所下降，但其集中于亚太的经济、政治和军事力量则有可能增强，继续保持东亚地缘政治地位。

其二，印度因素。新冠肺炎疫情虽然沉重打击了印度，也遏制了印度的大国野心。但印在阿富汗受挫、与中巴陆地竞争压力增大的情形下，更需要通过加强"向东看"战略，通过发展与东盟及日本的关系牵制中国并扩大其经贸利益。

其三，澳大利亚因素。尽管澳是东亚的邻近力量，其综合实力有限，但其正处于太平洋与印度洋的交会之处，一向为美欧重视，而澳也野心勃勃，一直企图在东亚显示其地缘政治存在，这从澳积极参与"五眼联盟"、美日印澳"四边机制"及参加"奥库斯"（AUKUS）英语国家联盟中可见一斑。[①]

其四，欧盟及英国因素。冷战后欧盟及英国一度从东亚地缘政治博弈中收缩，较少关注东亚事务，通常避开直接参与东亚地缘政治互动。但近年来，受中国加速崛起及东亚成长为世界地缘政治中心等因

---

① Damon Linker, "The U. S. -China Rivalry isn't a New Cold War. It's a New Great Game," *The Week*, September 21, 2021, https://www.yahoo.com/news/u-china-rivalry-isnt-cold-093710878.html.

素牵动,尤其受美炮制印太概念及英国脱欧等因素牵动,英国及欧盟也加紧"向东看",加大了对东亚地缘政治事务的关注与参与力度。英国航母巡航亚太,法、荷、德战舰也跑到东亚来"扎堆儿"等,是欧盟及英国今后将加大介入东亚地缘政治事务的证明。[1]

三、未来五到十年东亚地缘政治博弈态势

当前及今后五到十年参与及影响东亚地缘政治博弈的域内域外地缘政治主体有多个,并分别形成多种形态的地缘政治组合与矛盾,如中美矛盾、美俄矛盾、中日矛盾、日俄矛盾、朝韩矛盾、韩日矛盾、中澳矛盾等。其中,最关键的地缘政治因素依然是美国,而最带主导性的地缘政治矛盾将是中美矛盾,其余各地缘政治主体的地缘政治活动及其投入以及各类地缘政治组合与矛盾将主要围绕中美矛盾和中美地缘政治博弈展开。简言之,中美是东亚地缘政治活动的最主要力量,中美博弈是东亚地缘政治竞争的主线。

冷战结束时美国把欧洲及东亚视为其掌控全球的地缘政治"双锚",搞了一个"跨欧亚安全体系"。美在欧洲及东亚分别保持10万人左右驻军,驻东亚美军甚至略多于驻欧美军,这标志美全球战略从冷战时期的以欧洲为重点转向欧洲与东亚并重。[2] 随着东亚及中国加速发展崛起,美开始酝酿所谓"战略东移"。早在2000年,美战略界就提出要把其海空力量的60%移驻东亚所在的太平洋地区;2010年奥

---

[1] Sabine Siebold, "German Warship Heads for South China Sea amid Tension with Beijing," Yahoo, August 2, 2021, https://news.yahoo.com/german-warship-heads-south-china-135121778.html.

[2] Zbigniew Brzezinski, *The Grand Chessboard, American primacy and its geostrategic imperatives* (A Division of Harper Collins Publishers, 1997), pp. 194-209.

巴马政府又提出"重返亚太"战略，并采取了一系列具体举措；① 特朗普政府虽然在"美国优先"旗号下有意忽视欧洲，却力推"印太战略"及美日印澳"四边机制"。总之，在地缘政治上重视东亚的各种战略方案和战略思考使冷战后的历届美国政府实现了"战略联结"。

新上任的拜登政府在东亚可能上升为全球地缘政治中心的背景下，明确提出对华"竞争、合作、对抗"三管齐下战略，尤其不惜承受巨大政治与威望压力而从阿富汗撤军、彻底摆脱阿富汗困局并下决心彻底从中东收缩等，真正拉开了美以东亚为其全球地缘政治重心及以中美地缘政治博弈为重心的地缘政治大幕。②

拜登政府及今后五到十年美国在东亚的地缘政治目标主要体现在以下三方面。一是确保美在东亚的综合实力优势和地缘政治主导地位。为此，美需要进一步从中东及世界其他地区收缩力量，坚决实现战略东移计划，尤其要继续维持其在日、韩等国的强大驻军，并维持其在东亚的"轴辐式"军事同盟体系。二是制约中国的发展崛起、防止中国在东亚取得地缘政治优势。为此，美需要与中国维持"竞争、对抗、合作"并行、相互矛盾、相互牵扯不清的"三重奏"关系，尤其要力阻中国在东亚影响力的持续增强及中国在东亚海空力量的迅速增强。③ 三是加大参与东亚事务的力度，加强与东亚国家的经贸投资关系，包括积极介入东亚区域一体化进程，加强并扩大其在东亚的盟友体系，如积极介入东盟事务、介入东亚峰会和"东盟+"、牵制《区

---

① "Economy Watch," *International Herald Tribune*, Reuters, January 3, 2011.
② 关于中美竞争"交错期"的提法及中美"交错期"关系的特点，请参见王湘穗《交错与共存：2021—2030年的中美竞争》，《清华国家战略研究报告》2021年第2期，第1—24页。
③ "Secretary Anthony J. Blinken at a Press Availability," January 27, 2021, https://www.state.gov/secretary-antony-blinken-at-a-press-availablitity/.

域全面经济伙伴关系协定》（RCEP）、制定印太经济新框架，以及鼓励印度、澳大利亚、加拿大及英国、欧盟等介入东亚事务等。

然而，未来五到十年美国能否在东亚实现其地缘政治目标，受不少因素制约。

其一，美能否如愿迅速、果断地真正实现所谓"战略东移"？美从2000年就开始提出"战略东移"计划，迄今已20年，但始终是"只闻楼梯响，不见人下楼"。究其原因，美是全球霸权国，自认为肩负"领导世界"的责任，美提出"战略东移"，其本质仍然是维护其全球霸权，美因而不可能为了"战略东移"而放弃其在世界其他地区的霸权野心，即不会为了确保东亚地缘政治优势而放弃其全球霸权。这就规定了美仍然会在世界其他地区分散其越来越有限的实力，在东亚的实力集中只能是相对集中。即使其在东亚的军力集中也只能是相对集中。简言之，美很难做到不顾一切地、迅速果断地真正实现"战略东移"，这与1956年英国下决心"从苏伊士以东"撤退的场景显然不同。

其二，其盟友、伙伴以及东亚各国能否如美所愿，听从美国的地缘政治召唤？东亚域内域外十余个主要地缘政治主体各有各的利益诉求，不会完全听命于美国、不会完全服从美地缘政治需求。正因如此，美在美日、美韩、美菲同盟之外，又搞了个把菲、韩排除在外的美日印澳"四边机制"；在其"四边机制"之外又搞了个把日、印、韩排除在外的美英澳"新英语国家同盟'奥库斯'"。[①] 在东亚边缘搞这些叠床架屋的多层次同盟不是互为补充，而是相互间

---

① Damon Linker, "The U. S. -China Rivalry isn't a New Cold War. It's a New Great Game," *The Week*, September 21, 2021, https://www.yahoo.com/news/u-china-rivalry-isnt-cold-093710878.html.

兼容性不足。英国为什么不直接加入"四边机制",而是费神费力另搞一个方便给英国介入东亚地缘政治事务的"奥库斯"?韩、菲为什么不加入"四边机制"?这都说明美国在东亚这一系列"拉帮结派"式的复杂地缘政治活动存在无法解脱的内在矛盾。事实上,美国搞"奥库斯"就开罪了法国和欧盟,使其刚被唤醒、介入东亚地缘政治事务的热情遭遇打击,而法国与欧盟对"奥库斯"的强烈反应又预示美在东亚的"拉帮结派"活动难以如愿。① 对于美在东亚的"拉帮结派"式地缘政治活动,东盟采取维护东盟中心地位的立场。拜登政府为拉东盟入围可算是煞费苦心。美认为东盟安全上依赖美国,拜登政府的副总统、防长等高官接踵出访东南亚,劝说东盟支持美国。但东盟有自己的地缘政治需求和安排,东盟在东亚地缘政治互动中不会完全听命于美国。

其三,中国如何反应?中国是东亚传统大国,如今综合实力第一,东亚地区国家大都以中国为头号贸易伙伴。中国成功地抵御新冠肺炎疫情肆虐的事实,证明中国不但能有效应对新冠肺炎疫情这样的新挑战,也具有创新能力及经济"自增长能力",实现新发展能力。在疫情最严重的 2020 年,中国 GDP 保持 2.3% 的正增长,② 而美国则为 3.5% 的负增长。③ "后疫情时代",中国的经济还会以较高的速度继续发展,中国的相对实力和绝对实力还会继续增长。政治

---

① Humeyra Pamuk and David Brunnstrom, "French Break-up a Blow to Biden's China-focused Alliance Rebuilding," Yahoo, September 19, 2021, https://www.yahoo.com/news/analysis-french-break-blow-bidens-200441659.html.

② 《2020 中国 GDP 首超 100 万亿元,保持全年 GDP 增速为正 29 年》,腾讯财经,2021 年 1 月 18 日,https://finance.qq.com/a/20210118/003675.htm。

③ 《美国 2020 年 GDP 增长:-3.5%》,来源:环球网,搜狐网,2021 年 1 月 29 日,https://www.sohu.com/picture/447397800。

上，俄、朝、韩及东盟等不会追随美与中国搞地缘政治对抗；日、印、欧盟等也必须考虑自身的利益，发展与中国的关系，英国和澳大利亚国内也不乏反对完全追随美国的力量，因而也不会在东亚地缘政治博弈中与中国全面对抗。对拜登政府提出"竞争、对抗、合作"并行、相互矛盾、相互牵扯不清的"三重奏"地缘战略，中方的态度一贯而且明确：要对话可以，但应当平等；要合作欢迎，但应当互惠；要竞争无妨，但应当良性；要对抗不惧，将奉陪到底。合则两利，斗则俱伤。

总之，未来五到十年，中美将在东亚展开一系列包括经济、政治、科技、军事安全等在内的地缘政治竞争，① 中美竞争无疑将牵动东亚地缘政治全局，东亚其他地缘政治主体的地缘政治活动及各类地缘政治矛盾将主要围绕中美地缘政治博弈而展开、变异。在此大框架下，未来五到十年的东亚地缘政治博弈中最值得予以战略关注的地缘政治焦点集中在中美及相关地缘政治主体围绕东亚区域合作，包括《区域全面经济伙伴关系协定》《全面与进步跨太平洋伙伴关系协定》及东亚峰会、"东盟+"如何运作等展开博弈。中美间的军事竞争及东亚主要地缘政治主体间的军事竞争，可能导致东亚陷入安全及军备竞赛困境；还有如东北亚局势及朝核问题如何演变，南海问题如何演变，东北亚俄、日领土争端及中日、日韩领土争端如何演变等。如这些焦点问题同时发酵，产生聚合式反应，会进一步牵动整个东亚甚至世界的局势变化。

---

① 吴心伯：《拜登执政与中美战略竞争走向》，《国际问题研究》2021年第2期，第37—42页。

《区域全面经济伙伴关系协定》与《全面与进步跨太平洋伙伴关系协定》的战略融合：现实还是幻想

[韩] 安忠荣[*]

摘　要　《全面与进步跨太平洋伙伴关系协定》和《区域全面经济伙伴关系协定》各有不同的成立动机，如果二者能够实现融合，对构建包容发展的亚太经济共同体具有重要的现实意义。二者的融合也是实现亚太地区更广泛、更深层经济一体化的现实需求协定。亚太地区大国应开展更密切、更可靠的对话，积极推动更广泛、更深层的区域经济一体化。其中，中美两国关系的未来发展，对两项协定的融合和未来亚太经济共同体的发展有着重要影响。中美两国应该有效管控分歧，加强合作，为推动区域经济一体化做出贡献。

关键词　《全面与进步跨太平洋伙伴关系协定》；《区域全面经济伙伴关系协定》；亚太经济共同体；区域经济一体化

---

[*] 安忠荣，韩国中央大学国际大学院硕座教授。

在全球化的世界中，具有相同利益的环太平洋和东亚国家以双边或多边自由贸易协定（FTAs）的形式追求区域合作，以促进跨境贸易和投资，实现可持续增长。然而，亚太地区特别是东亚经济体的贸易和投资自由化仍远远落后于欧盟的经济一体化进程。根据世界贸易组织（WTO）的区域贸易协定（RTA）数据库，自20世纪90年代初以来，向世界贸易组织通报的区域贸易协定数量迅速增加，截至2021年11月，达到了569个。① 直到21世纪初，东亚地区还被称为"自贸区真空地带"（FTA Vacuum），但从21世纪头十年到2014年底，东亚地区的双边和次区域自由贸易协定已达几十个。最重要的是，亚太地区诞生了两大自由贸易协定，即《全面与进步跨太平洋伙伴关系协定》和《区域全面经济伙伴关系协定》。

2016年完成谈判的《跨太平洋伙伴关系协定》中有12个经济体，2020年签署的《区域全面经济伙伴关系协定》中有15个经济体。② 最值得注意的是，《跨太平洋伙伴关系协定》在美国的积极推动下，于2016年奥巴马执政时期各方完成谈判并签字，但在2017年生效过程中被特朗普总统抛弃。2018年12月，《跨太平洋伙伴关系协定》重生为《全面与进步跨太平洋伙伴关系协定》（*Comprehensive and Progressive Agreement for Trans-Pacific Partnership*，CPTPP）。与《跨太平洋伙伴关系协定》相比，《全面与进步跨太平洋伙伴关系协定》规模较小，严格程度较低。在《区域全面经济伙伴关系协定》2020年11

---

① "Regional Trade Agreements Database," WTO, http://rtais.wto.org/UI/publicsummarytable.aspx.
② 《跨太平洋伙伴关系协定》成员包括澳大利亚、文莱、加拿大、智利、日本、马来西亚、墨西哥、新西兰、秘鲁、新加坡、美国和越南。《区域全面经济伙伴关系协定》签署成员经济体包括东盟十国（文莱、柬埔寨、老挝、印度尼西亚、马来西亚、缅甸、菲律宾、新加坡、泰国和越南），中国、日本、韩国、澳大利亚、新西兰。

月最后签署阶段，印度选择退出。然而，在中美竞争加剧和后疫情时代高度不确定的背景下，两项大型自由贸易协定可能会对亚太经济共同体的贸易和投资格局产生重大影响。

除印度外，《跨太平洋伙伴关系协定》和《区域全面经济伙伴关系协定》的所有谈判成员均是亚太经合组织（APEC）的成员。事实上，澳大利亚、文莱、新加坡、日本、马来西亚、新西兰、越南等7个经济体是同时属于《全面与进步跨太平洋伙伴关系协定》和《区域全面经济伙伴关系协定》的国家。为了实现亚太范围内的贸易自由主义，亚太经济合作组织长期以来一直设想建立一个亚太"经济共同体"（economic community）。1994年，所有亚太经合组织领导人在印度尼西亚茂物通过了"茂物目标"（Bogor Goals），其目标是到2010年发达经济体和2020年发展中经济体在亚太地区实现完全自由和开放的贸易和投资，最终建成亚太自由贸易区（Free Trade Area of the Asia-Pacific，FTAAP）。

尽管亚太经合组织的发展进程缓慢且不具约束力，但美国、中国、日本和其他亚太经合组织成员一直致力于实现亚太自贸区的理想。为了实现亚太经合组织长期目标的理想，《全面与进步跨太平洋伙伴关系协定》和《区域全面经济伙伴关系协定》这两大协定应该融合，并将《区域全面经济伙伴关系协定》的自由化程度提升到《全面与进步跨太平洋伙伴关系协定》的水平。本文的目的如下：（1）回顾《全面与进步跨太平洋伙伴关系协定》和《区域全面经济伙伴关系协定》的基本内容；（2）讨论如何将这两大协定融合在一起，实现亚太地区更广泛、更全面的经济一体化；（3）阐述一些具有挑战性的问题和政策影响。

一、《全面与进步跨太平洋伙伴关系协定》与《区域全面经济伙伴关系协定》的质量差异及其各自的影响

经过长达 7 年的谈判，12 个太平洋沿岸国家于 2015 年 10 月 5 日完成了《跨太平洋伙伴关系协定》的谈判，其中包含了当时最高水平的贸易和投资自由化措施。《跨太平洋伙伴关系协定》的既定目标是促进经济增长，支持创造和保留就业机会，提高创新、生产力和竞争力，提高生活水平，减少成员的贫困，提高成员之间的透明度，促进善治，加强对劳工权益和环境的保护。

2014 年，《跨太平洋伙伴关系协定》12 个成员的产出占世界的 36%，贸易占世界的 23%。[①] 若协定签署生效，将是当时世界上最大、最高水平的贸易集团。《跨太平洋伙伴关系协定》要求到 2015 年将所有贸易关税降至零，同时对国有企业、环境、劳工条件、争端解决和知识产权实行有史以来最高的标准。

然而，美国总统特朗普（Donald Trump）在 2017 年就职后，为了保护美国的就业，兑现其竞选口号，退出了一直由美国主导的《跨太平洋伙伴关系协定》。2018 年 1 月，在日本领导下，其余 11 个国家就修订后的《跨太平洋伙伴关系协定》达成一致，并更名为《全面与进步跨太平洋伙伴关系协定》。它与《跨太平洋伙伴关系协定》基本相

---

① Peter A. Petri and Michael G. Plummer, "The Economic Effects of the Trans-Pacific Partnership: New Estimates," PIIE, January 2016, https://www.piie.com/publications/working-papers/economic-effects-trans-pacific-partnership-new-estimates.

同，但 11 个国家同意暂停约 20 项《跨太平洋伙伴关系协定》条款，而这 20 项条款大部分是美国坚持而多数国家都反对的。①

与《区域全面经济伙伴关系协定》相比，《全面与进步跨太平洋伙伴关系协定》关于国有企业、劳工条款和知识产权保护的章节生动地说明了高水平贸易规则的开放性和竞争性。值得一提的是，《全面与进步跨太平洋伙伴关系协定》在对国有企业的规则中要求成员承担新的义务，避免滥用补贴、政府控制以及对国有企业的非商业援助，这些规定都是可以通过争端解决予以执行。

与特朗普总统的"美国优先"政策截然不同的是，拜登政府正通过重新加入《巴黎协定》（Paris Agreement）和世卫组织在内的多边机制，使美国重新回到全球治理中。

《区域全面经济伙伴关系协定》在 2011 年首先由东盟主导提出，随后得到中国的大力支持。《区域全面经济伙伴关系协定》的 16 国于 2012 年 11 月开始正式谈判，经过 18 轮谈判，15 个签约方最终于 2020 年 11 月 15 日签署协定，而印度因担心中间产品和制成品（尤其是来自中国的产品）的涌入会损害印度企业的竞争力而选择退出。然而，《区域全面经济伙伴关系协定》的 15 个成员为印度留下了加入自由贸易协定的大门，只要印度准备好了，就可以随时加入。

截至 2020 年，除了印度的 15 个《区域全面经济伙伴关系协定》经济体约占世界人口的 30%（22 亿人），全球 GDP 的 30%（26.2 万亿美元），世界贸易总额的四分之一，也成为历史上最大的贸易集

---

① Jeffrey J. Schott, "TPP Redux: Why the United States Is the Biggest Loser," PIIE, January 23, 2018, https://www.piie.com/blogs/trade-and-investment-policy-watch/tpp-redux-why-united-states-biggest-loser.

团。① 鉴于东盟的中心地位，《区域全面经济伙伴关系协定》可以被看作东盟10个成员和5个主要贸易伙伴之间就先前存在的双边协定进行整合的一个过程。根据《区域全面经济伙伴关系协定》的规定，它在至少6个东盟国家和3个非东盟国家签署后的60天内生效。②

《区域全面经济伙伴关系协定》包括高、中、低收入国家，预计将在生效后20年内取消签署国之间约90%的进口关税，并将在电子商务、贸易和知识产权方面建立共同规则。③ 一方面，《区域全面经济伙伴关系协定》统一的原产地规则将有助于促进区域供应链的建立，降低跨境交易成本，促进区域内出口和投资；另一方面，《区域全面经济伙伴关系协定》也因为在协定中没有涉及劳工、人权、政府补贴、环境可持续性等问题而受到批评。

尽管《区域全面经济伙伴关系协定》与已经生效的《全面与进步跨太平洋伙伴关系协定》和《美国—墨西哥—加拿大协定》（简称《美墨加协定》，*United States-Mexico-Canada Agreement*）相比，在市场准入、消除非关税壁垒和其他所包含条款方面，被认为是质量较低的区域自由贸易协定，《区域全面经济伙伴关系协定》仍有可能对全球和区域贸易体系产生重大积极影响。在新冠病毒肆虐的当下乃至后疫情时代，我们希望看到《区域全面经济伙伴关系协定》对亚太经济

---

① Shotaro Tani, "India stays away from RCEP talks in Bali," NIKKEI Asia, February 4, 2020, https://asia.nikkei.com/Economy/Trade/India-stays-away-from-RCEP-talks-in-Bali.

② Zoey Zhang, "What is the Ratification Status of the RCEP Agreement and When Will it Come into Effect?" China Briefing, November 9, 2021, https://www.china-briefing.com/news/ratification-status-rcep-expected-timeline-china-thailand-already-ratified/.

③ Laura Zhou, "What is RCEP and what does an Indo-Pacific free-trade deal offer China?" *South China Morning Post*, November 12, 2020, https://www.scmp.com/news/china/diplomacy/article/3109436/what-rcep-and-what-does-indo-pacific-free-trade-deal-offer.

体，特别是对中国、日本和韩国可能产生的一些重要影响。

第一，大型协定《区域全面经济伙伴关系协定》是在保护主义抬头、供应链中断、新冠肺炎疫情后存在大量不确定性、中美贸易争端日益升级的背景下诞生的。《区域全面经济伙伴关系协定》的达成发出了一个明确的信号，即区域自由贸易协定正在恢复，并可以在未来几年内作为多边主义的基石。

第二，如此大规模的自贸协定也将有利于消除全球商业环境的不确定性，并在新冠肺炎疫情期间和后疫情时代促进自由贸易。一些分析人士预测，《区域全面经济伙伴关系协定》将为签署国带来巨大的经济收益，并将经济重心重新拉回亚洲。但也有观点认为，由于自由化程度较低，《区域全面经济伙伴关系协定》的影响将是中性的，或者最多只能带来有限的经济收益。

第三，中国、日本和韩国，作为东亚地区三个主要经济体，首次在多边自由贸易框架内正式相互联系，这将为中日韩推动谈判已久但停滞不前的中日韩自由贸易协定提供新的动力。这对韩国和日本正式建立联系也很重要，有望解决两国之间正在进行的双边贸易争端。

第四，该协定还将有助于《区域全面经济伙伴关系协定》签署国更好地应对疫情导致的多边主义弱化和地区价值链本地化严重受损的局面。

促进亚洲内部贸易和投资的另一个重要制度进展是中国于2014年4月成立了作为一个国际发展金融架构的亚洲基础设施投资银行（Asian Infrastructure Investment Bank，AIIB，以下简称为"亚投行"）。亚投行的成立是为了支持亚太地区的基础设施建设。世界银行和亚洲开发银行（Asia Development Bank，ADB）未能通过投资铁路、港口和发电厂等基础设施项目实现改变亚洲欠发达地区的目标。而亚投行可以为"一带一路"沿线国家的各种基础设施项目建设提供资金，进而将新丝绸之路的政策影响范围延伸到近东、中东以及非洲。

许多人认为，通过亚投行，中国还打算在全球金融事务中制衡美国领导的国际货币基金组织、世界银行和日本领导的亚洲开发银行。亚投行有57个创始成员，截至2020年7月28日，成员已增加到103个，这反映出中国新获得的国际影响力。联合国还将亚投行的成立视为"为可持续发展扩大规模"，认为亚投行将会支持改善全球经济治理，促进公共产品的发展。未来，亚投行融资带来的新的投资机会需要通过《全面与进步跨太平洋伙伴关系协定》和《区域全面经济伙伴关系协定》，以及亚洲开发银行融资的基础设施项目来相互促进，以加强区域内的互联互通。

二、《全面与进步跨太平洋伙伴关系协定》与《区域全面经济伙伴关系协定》战略融合面临的重大挑战

尽管最初的《跨太平洋伙伴关系协定》和《区域全面经济伙伴关系协定》都有其背后的政治动机，但为了实现亚太地区更广泛、更深层次的经济一体化，现在的《全面与进步跨太平洋伙伴关系协定》和《区域全面经济伙伴关系协定》需要融合。已经生效的《全面与进步跨太平洋伙伴关系协定》和将于2022年1月1日开始生效的《区域全面经济伙伴关系协定》将在区域发展中相互制衡或相互促进，共同决定亚太自由贸易架构的未来道路。

（一）《全面与进步跨太平洋伙伴关系协定》与《区域全面经济伙伴关系协定》融合，迈向理想的亚太自贸区

在区域内贸易方面，自2001年中国加入世贸组织以来，东亚已成为全球制造业中心之一，但与欧盟的区域一体化努力相比，东亚尚未充分发挥其与生俱来的区域供应链能力和潜力。因此，新缔结的《区域全面经济伙伴关系协定》很可能与已经生效且更加自由化的《全面与进步跨太平洋伙伴关系协定》趋同，并最终与扩大后的《全面与进步跨太平洋伙伴关系协定》合并。而美国和其他国家是否会加入，则取决于《区域全面经济伙伴关系协定》的质量是否能继续提升到扩大后的《全面与进步跨太平洋伙伴关系协定》的水平，实现亚太经合组织领导人早在2004年就期待的全面的亚太自由贸易区的目标。

面对扩大中的《全面与进步跨太平洋伙伴关系协定》，英国、中国和中国台湾地区已经正式申请加入。韩国也有可能在近期提交加入《全面与进步跨太平洋伙伴关系协定》的申请。那么，关键问题是如何筛选新加入《全面与进步跨太平洋伙伴关系协定》的国家。《全面与进步跨太平洋伙伴关系协定》现有的每一个成员都有否决权，通过评估申请加入的国家是否符合《全面与进步跨太平洋伙伴关系协定》标准的准入要求，来决定是否接受新加入的经济体。

随着投资逐渐成为国际经济中越来越重要的一部分，投资保障措施也在激增。《全面与进步跨太平洋伙伴关系协定》和美国签署的其他主要协定中的一项关键条款包括"投资者—东道国争端解决"（Investor-State Dispute Settlement，ISDS）机制。它的目的是在东道国政府对待投资者不当时，为投资者提供一些追索权。在司法系统薄弱

或腐败的国家，这一机制尤其受到企业的重视。

东亚一体化的前景将在很大程度上受到未来几年美中双边关系发展的影响。这两个真正的经济大国的关系未来有三种可能的发展方向：冲突，协作，以及采取竞争与合作并存的立场来追求各自的国家利益。

（二）《区域全面经济伙伴关系协定》与扩大后的《全面与进步跨太平洋伙伴关系协定》融合的三种情形

在过去 30 年里，在美国和世界贸易组织/关税与贸易总协定（*General Agreement on Tariffs and Trade*，GATT）主导的世界贸易体系下，东亚（这里指"东盟加中日韩"），特别是四小龙经济体（韩国、中国台湾、中国香港和新加坡），通过采取出口导向的发展战略，实现了"东亚经济奇迹"，后来又得益于地理上的接近，获得了中国崛起为世界第二大经济体的机遇。

鉴于美国和中国之间的竞争，通向亚太经济共同体以及更小范围的东亚经济共同体的道路既面临挑战，也面临机遇。我们可以从三个不同的角度来展望区域经济共同体的未来。[①] 第一种情况，美国和中国可能会在未来几年就南海的航行自由问题进行直接对抗，并展开激烈的技术竞争；第二种情况，美国的政策可能保持现状，即侧重于因事制宜地在亚太地区温和接触和遏制中国；第三种情况，各国可以采取更加积极协作的方法，即美国、中国、日本以及加拿大、澳大利

---

① 关于这三种情景的详细内容，参见 Ahn, Choong Yong, "Toward an East Asian Economic Community: Opportunities and Challenges," in Peter Hayes and Chung-In Moon (ed.), *The Future of East Asia* (New York: Palgrave Macmillan, 2018), pp.131-164。

亚、韩国和印度尼西亚等中等大国寻求共同利益，促进区域共同发展。

1. 美国和中国之间的零和博弈对抗

通向亚太或东亚经济共同体的道路是崎岖还是平坦，这取决于中国、美国和日本、澳大利亚、加拿大、韩国等国家在设计沿区域海上通道的安全架构时如何相互配合。目前，美国显然极力阻止中国不受挑战地控制世界上最繁忙和最具战略意义的中国南海水域。

考虑到这种安全冲突和21世纪中国与美国的技术竞争，美国一直在推进将与中间国家的安保同盟转变为经济同盟的战略，这可以从美国、日本、澳大利亚、印度等国家参与的"四边机制"中得到体现。因此，美国回归并扩大没有中国参加的《全面与进步跨太平洋伙伴关系协定》和没有美国的《区域全面经济伙伴关系协定》可以各行其是。这样来看，美国将通过《全面与进步跨太平洋伙伴关系协定》规定的新贸易规则和其在国际货币基金组织、世界银行、亚洲开发银行的影响力来遏制中国。一旦回归《全面与进步跨太平洋伙伴关系协定》，美国可以在与贸易相关的知识产权、与国有企业相关的规则、新的劳工条款、环境标准等领域提高《全面与进步跨太平洋伙伴关系协定》的准入门槛。

如果美国和中国进行零和博弈，通过遏制或孤立对方来最大化自己的国家利益，《全面与进步跨太平洋伙伴关系协定》和《区域全面经济伙伴关系协定》这两个独立的巨型集团很可能对世界经济体系中的贸易、投资者国家争端、知识产权以及《全面与进步跨太平洋伙伴关系协定》涉及的汇率调整等带来不稳定因素。因此，《全面与进步跨太平洋伙伴关系协定》的新贸易规则无法完全发挥其潜在影响力。

在这种为争夺领导权而开展的极端"两极"对抗下,一些与这两个超级经济大国有着深刻联系的东亚经济体,在追求自身的一体化目标的努力中可能会失去平衡。在这两个大国之间的零和博弈中,中国与美国的脱钩可能会持续导致这两个巨型贸易协定的战略融合的失败。

2. 保持现状进行温和的接触和遏制策略

这一设想的前提是,中美两国的军事对抗,如在南海和东海的海上争端不会恶化。如果有一个机制来防止该地区两个大国之间的潜在战争,那么中美在《全面与进步跨太平洋伙伴关系协定》和《区域全面经济伙伴关系协定》中的地位就可以得以维持,而不必使二者融合。这个维持现状的设想是合理的,因为中美两国尽管地缘战略不同,竞争中甚至有时会发生针锋相对的"贸易战",但双方在贸易方面的相互依存度越来越高。在过去25年(1990—2014年)中,美国从中国进口的份额从1990年的仅3.1%增加到2014年的20.0%,而同期美国对中国的出口份额从仅1.2%上升到7.6%。2017年,中国和加拿大同时成为美国的首要贸易伙伴,几乎平分了美国贸易总额的15.3%。[1]

鉴于美国和中国在贸易与金融方面的关系错综复杂,双方不太可能选择进行零和博弈,因为这会让全球经济产生灾难性的后果。因此,在大国竞争中,中美两国可能被迫维持现状,而不会相互挑起直接的军事行动。

---

[1] "Trade in Goods with China," United States Census, https://www.census.gov/foreign-trade/balance/c5700.html.

3. 迈向东亚经济共同体的积极融合和协调之路

这种观点认为,《全面与进步跨太平洋伙伴关系协定》和《区域全面经济伙伴关系协定》将相互促进,共同为区域一体化铺平道路。如果美国和中国在地区和全球事务上建立一个互利的解决方案,那么我们可以期待更积极的亚太一体化道路。为实现这一融合,中美双方应采取更加包容的立场,这有利于亚太经合组织愿景下亚太自贸区的形成。接下来,中国应加入《全面与进步跨太平洋伙伴关系协定》,美国应加入《区域全面经济伙伴关系协定》和亚投行,以促进亚太经济一体化。为了最终的融合,《区域全面经济伙伴关系协定》在贸易和投资的自由化和便利化方面的水平,以及在劳工、国有企业、环境和争端解决机制等方面的新规则,必须符合《全面与进步跨太平洋伙伴关系协定》规定的自由化水平。

在《全面与进步跨太平洋伙伴关系协定》《区域全面经济伙伴关系协定》和亚投行之间形成协同联系的过程中,日本和东盟、印度、加拿大、澳大利亚和韩国等国家和地区可以有效发挥可靠的媒介作用。东盟十国于 2015 年 12 月启动建设东盟经济共同体(ASEAN Economic Community,AEC),该共同体拥有 6.22 亿人口,国内生产总值合计 2.5 万亿美元。[①] 随着东盟经济共同体建设的启动,东盟向欧盟壁垒型的共同体又迈进了一步。东盟的战略意义还在于它的规模、活力以及它在促进亚洲经济和安全架构方面的领导作用。美国方面认为,尽管东盟中心地位的有效性存在问题,但东盟经济共同体不仅有助于其成员在这个战略地区的经济一体化,而且将促进地区稳定性。

---

① "World Bank World Development Indicators ︱ Data Bank,"worldbank. org, http://wdi.worldbank.org/tables.

韩国是亚洲第四大经济体，并且位于世界四个强国的中间位置。东盟和韩国可以在《全面与进步跨太平洋伙伴关系协定》和《区域全面经济伙伴关系协定》的融合过程中发挥关键作用。2012年3月，韩国与美国签署了第一个跨太平洋自由贸易协定——《韩美自由贸易协定》。2015年12月，《中韩自由贸易协定》正式生效。这是中国首次同经济与合作发展组织（OECD）的经济体签署自贸协定。如果韩国加入《全面与进步跨太平洋伙伴关系协定》，将很有可能对本协定和《区域全面经济伙伴关系协定》的融合贡献力量。

鉴于制定一个正式的、自上而下的一体化架构的复杂性和需要消耗大量时间，东亚国家需要做一些准备工作，从容易解决的事务入手。这包括通过更有力和有效的措施提升贸易便利化，如电子海关服务、原产地规则核查、知识产权保护、弹性供应链解决方案、以港口为中心的管理以及对外国直接投资的有效后续服务，这些也可以在亚太经合组织或其他多边区域论坛上进行探讨。

此外，还需要建立区域内协调机制，以预防疾病大流行、自然灾害，并使气候极端化产生的问题得到有效处理。东亚经济体应在核安全、能源安全、绿色增长战略、网络空间等非传统安全领域开展更有效的合作。

从长远来看，许多专家认为，考虑到包括美国和中国在内的亚太经济体之间日益相互依赖的供应链联系，没有中国参与的《全面与进步跨太平洋伙伴关系协定》注定只能取得有限的成功。中美两国可以共同努力，通过协调一致的政策对话，不仅为自己，而且为地区和世界经济创造就业机会，促进可持续增长。为此，应该融合《全面与进步跨太平洋伙伴关系协定》和《区域全面经济伙伴关系协定》这两个超级集团,重新激活世界贸易组织的作用。为推进融合之路,进展缓慢的中日韩自贸协定谈判需要加快进程,为亚太经济一体化提供新的动力。

三、中国加入《全面与进步跨太平洋伙伴关系协定》面临的一些挑战

为了应对正在肆虐的新冠肺炎疫情、气候变化、反恐等严重的全球性问题,中国和美国需要制定一个能够相互合作的战略。正如美国前财政部长劳伦斯·萨默斯(Lawrence Summers)在 2015 年所写的那样:"在过去的一年里,中国没有加入《跨太平洋伙伴关系协定》这一个重要的亚洲贸易一体化协定,而美国则没有加入重要的金融机构亚投行,这并不是一件好事。"约翰·梅纳德·凯恩斯(John Maynard Keynes)在《和平的经济后果》中断言,"经济学的首要任务是观察未来的危险,而这种危险不在于边疆和主权,而在于粮食、煤炭和运输"。①

事实证明,政治竞选中的言辞是一回事,而实施又是另一回事。然而,当零和重商主义中的保护主义措施最终损害国家的整体经济效率和消费者福利收益的事实变得明显后,《跨太平洋伙伴关系协定》的创始精神可能会再次得到重视。此外,面对亚洲这个增长最快、日益富裕的市场,美国无法回避其明显的吸引力。

中国实际加入《全面与进步跨太平洋伙伴关系协定》的可能性有

---

① 参见 Lawrence Summers, "Grasps the Reality of China's Rise," *The Financial Times*, November 9, 2015, p. 7。

多大？包括英国、中国和中国台湾地区在内的许多国家和地区都提交了正式申请，预计韩国也将申请加入这个迄今为止最高水平的大型自由贸易协定。《全面与进步跨太平洋伙伴关系协定》和《区域全面经济伙伴关系协定》的主要签署经济体也是亚太经合组织的成员。

实际上，只要中美两国在地缘政治战略和制定基于规则的贸易体系的内部政治进程中存在根本性的差异，中国加入《全面与进步跨太平洋伙伴关系协定》就远比一厢情愿地想让两个大型贸易协定的融合复杂得多。[①] 分享"公平竞争的环境"（level playing field）是志同道合的国家开始更深入的经济一体化合作的基本前提。如果伙伴国家在公平竞争领域的内容上存在分歧，任何经济一体化的努力都将止步于此。任何《全面与进步跨太平洋伙伴关系协定》成员经济体都可以对任何不符合加入标准的新成员竞标者行使否决权。此外，由于加拿大和墨西哥与非市场经济国家签订的任何贸易协定都要经过美国的批准，[②] 因此两国可以就此否决中国的加入，因为中国仍被美国归类为"非市场经济体"。

对于潜在的新成员来说，跨越《全面与进步跨太平洋伙伴关系协定》的准入门槛存在许多障碍，尤其是中国。其中包括禁止国家补贴国有企业、投资者—东道国争端解决机制、生物制品知识产权、政府采购的劳动条件、数据自由流动和本地化限制等重要条款。

如果在实际执行过程中要求一些透明度标准，扩大自由贸易的局面就变得更加复杂了。《跨太平洋伙伴关系协定》最初是由奥巴马政

[①] 参见 Ahn, Choong Yong, "The Complexities of China's CPTPP Entry," *East Asia Forum* 26 (March 26, 2021), https://www.eastasiaforum.org/2021/03/26/the-complexities-of-chinas-cptpp-entry.

[②] 按照《美墨加协定》，任何一方与非市场经济国家签订自由贸易协定时，应允许其他各方在发出通知6个月后终止该协定。——编者注

府发起谈判的，目的是对抗中国在东亚地区的崛起，而中国积极推动《区域全面经济伙伴关系协定》。《区域全面经济伙伴关系协定》最初被东盟和日本视为与美国领导的《跨太平洋伙伴关系协定》竞争。如果双方各自的想法保持不变，美国和中国就不太可能在《全面与进步跨太平洋伙伴关系协定》扩容的问题上合作。如果美国计划重返《全面与进步跨太平洋伙伴关系协定》，那么美国实际上就占据了主导地位，而日本则有可能参与制定加入程序的规则。

然而，这一目标只有在中国和美国这两个最大的经济体在争夺领导权的拉力赛中成为合作伙伴而不是竞争对手时才能实现。即使在两极的"竞争性合作"（competitive cooperation）框架下，如果大多数东亚经济体能够避免在中美之间选边站队，那也是一种较好的选项。

《全面与进步跨太平洋伙伴关系协定》的11个成员中有7个同时加入了两个协定，包括澳大利亚、文莱、日本、马来西亚、新西兰、新加坡和越南，这7国同时也属于《区域全面经济伙伴关系协定》的签署方，同时为选择退出的印度敞开大门。中国在美国缺席的情况下加入《全面与进步跨太平洋伙伴关系协定》，只要将《区域全面经济伙伴关系协定》中已经达成的条款升级以匹配《全面与进步跨太平洋伙伴关系协定》章节的更高标准，就可以被视为几乎是《区域全面经济伙伴关系协定》的升级版。如果美国和包括中国在内的经济体一起加入《全面与进步跨太平洋伙伴关系协定》，相当于两项大型自由贸易协定融合在一起。那么，扩大后的《全面与进步跨太平洋伙伴关系协定》加上新成员，应该被视为亚太经济共同体的体现。这将是一个可以恢复日益萎缩的多边主义的积极进展，有助于实现目前停滞不前的世界贸易组织在非歧视和最惠国待遇原则下对多边主义的长期追求。

为了实现两大协定的战略融合,《区域全面经济伙伴关系协定》成员,特别是中国、日本和韩国,应该坚持自由贸易协定与地缘政治考量分离的原则。《区域全面经济伙伴关系协定》成员之间缺乏互信,不利于充分利用协定所带来的利益。亚太经济体必须在平等的基础上建立信心,通过贸易政策执行的透明度、国内现行规则和随后的改革,与承诺的区域大型协定协调一致,以确保开放的区域一体化的可信性和可持续性。

的确,《区域全面经济伙伴关系协定》中的许多较小经济体不希望被迫在经济上在中国或美国中选边站队,因为它们与这两个国家都有很深的经济联系。毕竟,高质量和更深层次的经济一体化最终是志同道合经济体的政治进程。有专家认为,中国即使没有参与《全面与进步跨太平洋伙伴关系协定》,也密切参照其高标准,推动国内改革议程。在这方面,中国将如何进行国内改革,以满足《全面与进步跨太平洋伙伴关系协定》的加入要求,还有待观察。[1]

《全面与进步跨太平洋伙伴关系协定》的核心标准与中国对《区域全面经济伙伴关系协定》的承诺之间存在着巨大的差距。《全面与进步跨太平洋伙伴关系协定》包含了关于消除一切形式的强迫劳动的劳工条款、对国有企业的补贴限制以及禁止强制披露源代码的数字条款等条款。如果中国能够通过深入的国内改革达到这些"黄金标准",并通过《全面与进步跨太平洋伙伴关系协定》成员经济体的透明筛选

---

[1] See Carla Freeman, "How will China's Bid to Join a Trans-Pacific Trade Pact Affect Regional Stability?" United States Institute of Peace, Analysis and Commentary, October 7, 2021, https://www.usip.org/publications/2012/01/assignment-china?site _ keywords – How%20Will%20China%E2%80%99s%20Bid%20to%20Join%20a%20Trans-Pacific%20Trade%20Pact%20Affect%20Regional%20Stability?

过程进行彻底验证，那么这将为《区域全面经济伙伴关系协定》升级到《全面与进步跨太平洋伙伴关系协定》提供新的动力，因为有7个经济体已经同时属于《全面与进步跨太平洋伙伴关系协定》和《区域全面经济伙伴关系协定》。这样一来，两个大型协定就可以融合在一起，从而形成一个真正的亚太经济共同体。

如果认为中国的国内改革不能满足《全面与进步跨太平洋伙伴关系协定》核心章程的要求，任何一个协定签约方都可以对中国加入《全面与进步跨太平洋伙伴关系协定》行使否决权，甚至在没有美国参与的情况下也可以行使否决权，或者最多采取一个漫长的审查过程。因此，中国申请加入《全面与进步跨太平洋伙伴关系协定》的命运可归结为三个因素：(1) 中国在多大程度上接受《全面与进步跨太平洋伙伴关系协定》的核心章程；(2) 美国和中国在未来几年是会进行正和博弈还是零和博弈；(3) 两个大国全球竞争的时间跨度。

四、结语

亚太经济共同体的宏伟蓝图并非注定，而需要符合两个基本要求。第一，区域经济需要按照全球标准进行全面的内部改革，并增强其作为知识型经济的竞争力。亚洲的各种自由贸易协定和多边融资计划要求每个国家对其经济体系升级，以达到全球标准的高要求。申请加入自由贸易协定和相关的融资计划是促使一个国家进行经济改革，使其更开放、更有竞争力和更透明的体系的有效外部压力。第二，中美两个超级大国以及中日韩三国之间的相互信任建设一定不能在零和博弈中进行，而是在正和博弈中进行。为此，亚洲地区大国应开展更密切、更可靠的对话，打造更牢固的长期纽带。

贸易保护主义和随后的中美"贸易战"将使每个人的处境变得更糟。在扩大和提高标准的《全面与进步跨太平洋伙伴关系协定》中，可能重新加入的美国与其他新成员间需要在服务和与贸易有关的知识产权协定方面进一步构建公平竞争的环境。由15个成员签署的《区域全面经济伙伴关系协定》应该通过早期的国内批准程序生效。最终，需要将《全面与进步跨太平洋伙伴关系协定》和《区域全面经济伙伴关系协定》合并，将《区域全面经济伙伴关系协定》升级到《全面与进步跨太平洋伙伴关系协定》的高标准，从而形成亚太自由贸易协定，以实现亚太经合组织的理想，即更自由的贸易和更自由的跨境投资流动。中国的改革与扩大后的《全面与进步跨太平洋伙伴关系协定》（《跨太平洋伙伴关系协定》的升级版）相协调，是实现融合的关键。

只有两个超级大国相互合作，才能有效解决当前流行病控制、气候变化、网络恐怖主义等紧迫的全球问题。这种合作应扩大到区域贸易一体化。在实现亚太自由贸易区的理想道路上，有一点是可以肯定的，那就是无论《全面与进步跨太平洋伙伴关系协定》扩大后的成员有多少，扩大区域优惠贸易安排的贸易伙伴都不应该是强势的或单边的。互信是亚太地区实现强大和可持续区域贸易协定（RTAs）的关键。

美日同盟框架下日本的外交行动模式

赵宏伟*

摘　要　在美日同盟框架下，日本外交发挥了从属、揣测与引导同盟走向的作用。在引导美国深层政府决策方面，日本的霞关权贵发挥了重要的作用。安倍政府时期，日本成功引导奥巴马政府制定了回归亚洲的"亚太再平衡战略"，并借机再度扩大日美同盟适用范围、遏制中国和重构国际经济秩序。但特朗普冲击导致日本政府对后奥巴马时代美国政府的引导屡次受挫。面对此种情况，安倍一边维系美日同盟，一边尝试改善中日关系。但无论美日同盟的内涵如何变化，日本首要考虑的是自身的国家利益。

关键词　美日同盟；引导外交；台湾问题；安倍领导力外交；特朗普冲击

从事日本外交研究的学者大都认为，在美日同盟问题上，日本外交从属美国。但"从属"含义有所不同，有被迫从属、有限从属、主动从属。其实，日本对美国，不仅是从属，也有日本对美国的揣测或引导美国的方面。"揣测外交"有别于"从属外交"，有日本主动的含

---

* 赵宏伟，日本法政大学教授，山东大学东北亚学院客座教授。

义,而"引导外交"则更具有主动性。依据揣测美国的外交意图,日本外交行动有可能会走到美国前面,且有可能走过头或走错路,亦有可能在结果上影响并引导了美国外交。

本文梳理美日同盟的发展变化过程,论证美日同盟外交的日本行动模式,以利于认识日本对美结盟外交的过去、现在,以及展望今后。

一、从岸信介的"专守防卫"到桥本"周边事态"

1957年2月二战甲级战犯、极右派人物岸信介出任日本首相。1960年1月19日日美签署新《美日安全保障条约》。1951年9月8日的旧《美日安全保障条约》仅规定日本必须向美国提供军事基地,美国却并无保卫日本的规定;同时,日本对美军基地的使用没有发言权,对美军犯罪没有司法管辖权。[①] 1957年2月,岸信介就任首相后立即会见驻日美国大使,明确指出:"大多数日本国民将《日美安全保障条约》视为日本对美从属的象征,抱有在不知不觉间就自动地被卷入战争的恐惧。加上日本国民厌恶战争的感情,这就使反对《日美安全保障条约》的气氛越来越强烈。"[②] 岸信介将日美同盟的适用范围明确限定于"专守防卫",他表示,"被卷入朝鲜、台湾事态,是极其尴尬的"。[③] "专守防卫"的意思是,新安全保障条约规定驻日美军保

[①] 北岡伸一「日本外交の座標軸外交三原則再考」、『外交』第6巻、日本国外務省、2011年10月、10頁。

[②] 北岡伸一「日本外交の座標軸外交三原則再考」、『外交』第6巻、日本国外務省、2011年10月、11頁;「"特集記事".NHK政治マガジン」(2018年12月26日)。

[③] 「岸信介首相発言(1958年10月18日)」『日本経済新聞』2010年7月9日。

卫日本；而日本和平宪法规定日本自卫队只防卫日本，不因同盟而参加对外派兵和战争。

1957年9月，关于对美自主外交，日本外务省宣布了"联合国中心主义""作为亚洲一员的立场"与"自由主义各国协调"的"外交三原则"。① 与现今之日本自民党政府的外交原则，第一条一定是"以日美同盟为基轴"大为不同；21世纪，只有2007年福田康夫首相在《首相执政方针演说》中，就外交方针排列了"联合国、日美同盟、亚洲一员"的顺序，把联合国摆在了第一位；并使用了"日美同盟与亚洲外交共鸣"的表达，把二者摆在了并列水平。②

1995年6月，时任中国台湾地区领导人的李登辉以所谓"私人身份"访问美国，并在康奈尔大学发表演讲，鼓吹分裂祖国，初显"台独"倾向。同年7月21—28日、8月15—25日、11月15日和次年3月7日，中国人民解放军在台海水域进行了导弹发射演习；之后，1996年3月20日陆海空部队进行了实弹演习，表明了反"台独"的意志。③ 1995年12月19日，美国航空母舰尼米兹号以规避洋上恶劣气候为由，首次航行台湾海峡，④ 1996年3月，美国又派两艘航母进入台湾东部的太平洋水域；意图牵制北京，打击台北。媒体2002年报

---

① 北岡伸一「日本外交の座標軸外交三原則再考」、『外交』第6巻、日本国外務省、2011年10月、8-9頁。

② 「福田康夫内閣総理大臣施政方針演説」、第169回（常会）、https://worldjpn.grips.ac.jp/documents/texts/pm/20080118.SWJ.html。

③ Robert S. Ross, "The 1995–1996 Taiwan Strait Confrontation: Coercion, Credibility, and the Use of Force," *International Security* 25, no. 2 (Fall 2000): 92–102.

④ Robert S. Ross, "The 1995–1996 Taiwan Strait Confrontation: Coercion, Credibility, and the Use of Force," *International Security* 25, no. 2 (Fall 2000): 104.

道，1996年桥本龙太郎首相曾敦促克林顿总统向台海派遣航母舰队。①1996年1月，社会民主党首相村山富市辞职，自民党总裁桥本龙太郎继任首相。同年4月17日，桥本与来访的美国总统威廉·克林顿（William Clinton）发表《日美安全保障联合宣言——面向21世纪的同盟》。虽然宣言中并无具体表述，但在其后的联合记者会见中，两国首脑宣示了"就日本周边地域可能发生的事态，对日本的和平和安全的重要影响，研究美日之间相互协助，促进政策调整的必要性，达成了一致意见"。1997年9月23日，美国和日本政府为了各自的利益，经过一年半的谋划和谈判，公布了对1978年制定的《日美防卫合作指针》修订后的《日美防卫合作指针》。

自此以后，桥本政府开始使用"周边事态"的表述。日本的安全保障政策、日美同盟的指针突破"专守防卫"国策，首先向中国台湾地区，其次向朝鲜半岛扩张。1999年5月24日，日本政府完成了各种立法程序，"周边事态相关法"得以成立。美日同盟的适用范围从"专守防卫"扩张到"周边事态"，又是直指中国台湾。1972年尼克松访华时，曾向中国说明美日同盟不是反华同盟，是阻止苏联进入东亚的同盟，是封住日本的"瓶盖"，遏制日本重整军备，美国不会让

---

① 「台湾、秘密資金で対外工作？「李登輝時代、130億円蓄財」、『朝日新聞』2002年3月23日、http://asahi.0001.a.myie.top/library2e/main/top.php。2003年，中国首次使用"台湾是中国的核心利益"的表述，反复要求美国必须尊重中国的核心利益。唐家璇与鲍威尔会谈，参见《人民日报》2003年1月21日、2003年2月24日、2004年9月21日、2004年10月10日、2004年11月21日。

日本插手台湾问题。此举改变了美国的所谓"东亚1972年体制"①。

在东亚,日本战后主要是以经济利益为中心,注重改善双边关系,支持美国的地域领导力。从1996年起,日本开始重视台湾问题,1997年日本制定《周边事态法》,开始干涉台湾问题,显示了日本外交政策的一大转折,使得台湾问题自中日邦交正常化以来首次成为影响中日关系的结构性要素。

桥本与来访的美国总统克林顿选择在1996年4月17日发表《日美安全保障联合宣言——面向21世纪的同盟》是有特别用意的。1895年4月17日是《马关条约》缔结的日子,清朝割让中国台湾给日本。每年的4月17日便是日本"领有台湾纪念日",是日本第一次夺得殖民地纪念日,也是日本实现振兴并跻身帝国主义列强资格的纪念日。百年后,1996年4月17日,桥本龙太郎首相和克林顿总统发表联合宣言,首次把美日同盟从对日本的"专守防卫"扩大到"周边事态"的安全保障;不言自明,所谓"周边事态"就是指"台湾事态"。

2012年4月17日,极右派政客东京都知事石原慎太郎选择在华盛顿发布募捐购买钓鱼岛的声明,此事件是日本政府国有化钓鱼岛事件的发端。2021年4月17日,菅义伟首相把原定4月9日访美的计划

---

① 所谓的"1972年体制"(也称"72年体制")是指1972年中日恢复邦交时,两国政府围绕台湾、历史、安保、领土争端等问题的处理原则形成的共识体系,是两国领导人对相互关系的经验教训,以及两国的利益进行综合考虑之后达到的结合点。其中最核心的内容有两点。一是历史问题:日本痛感过去由于战争给中国人民造成重大损失的责任,并表示深刻反省;中国政府宣布,为了两国人民的友好,放弃对日本的战争赔偿要求,即中国放弃赔款的前提是日本反省战争责任。二是台湾问题:日本承认中华人民共和国是中国的唯一合法政府;中国政府重申台湾是中华人民共和国的一部分;日本政府充分理解和尊重中国政府的这一立场,并坚持遵循《波茨坦宣言》第八条的立场,即日台"断交",日本从侧面承认台湾归属中国。参考高兰:《突破"72年体制",建立战略互惠关系框架下的新型中日关系》,《国际观察》(沪) 2015年第1期,中国社会科学网,2015年6月29日,http://www.cssn.cn/zzx/201506/t20150629_2052505.shtml。

推迟至 16 日，便于 4 月 17 日与拜登总统发表美日联合声明。这份声明首次明目张胆地写入"台湾"二字，① 美日同盟开始正式干预台湾问题。同日，日本极右派势力弹冠相庆。民间团体日本驻台湾代表处——"日本台湾交流协会"选择在此日举办新馆开馆仪式；这是自 1972 年中日邦交正常化以来，首次在中国台湾升起日本国旗。也是同日，日本防卫大臣岸信夫飞赴距中国台湾最近的日本与那国岛眺望中国台湾。②

日本政界主流肆无忌惮地纪念割取台湾日，不仅是执迷于百多年前的日本"振兴"的回忆，更执迷于今日"台湾关乎日本存亡"（麻生太郎语），憧憬着一丝日本复兴之奢望。可以认为，1996 年日本外交政策的转折，并不仅是从属美国外交，而是日本借力使力引导美日同盟的适用范围从"专守防卫"转向"周边事态"，暗度陈仓突破"东亚 1972 年体制"，朝向插手台湾的扩张。

二、深层政府和安倍"地球仪外交"

在前文回顾美日同盟发展的历史的基础上，本文接下来将论证美日同盟框架下日本的外交行动模式。其中，日本政府的"引导外交"与两国的深层政府密切相关。在安倍政府倡导"地球仪外交"的背景下，日本"引导外交"也出现了新的变化。

---

① 《美日联合领导人声明——美日面向新时代的全球合作伙伴》，美国之音，2021 年 4 月 17 日，https://www.voachinese.com/a/u-s---japan-joint-leaders-statement-u-s---japan-global-partnership-for-a-new-era-/5856841.html。

② 《距台湾仅 110 公里！日防卫大臣高调视察西南岛屿基地》，新华网，2021 年 4 月 21 日，http://www.xinhuanet.com/mil/2021-04-21/c_1211121120.htm。

(一) 美日深层政府的引导力

前述日本外交既从属，也揣测，也引导美日同盟，其主要发力实体在于日本深层政府对美国深层政府。"深层政府"（deep state）是美国词语，政治家是"流水的兵"，而行政官员、舆论精英、论客和智库是"铁打的营房"。后者不因选举和任命而流动，是直接掌控信息的经年专业人员。平日更专注选区人气的政客们必须依靠他们的信息积累和专业能力。他们因此被称为"深层政府"，在美国又被叫作"华盛顿精英"，特朗普称其为"华盛顿沼泽"。在日本被叫作"霞关权贵"，霞关是日本行政机能的集中地。

"霞关权贵"亦是具有深厚的日本政治史及政治文化底蕴的体系，是自明治政府以来形成的系统，战败时期亦未遭中断，世代传承的可持续性极强的政策及利益集团。日本政治体制研究中的一个权威学说是"官僚统括主导体制"；① 即独掌信息和管治经验，且人脉世代传承的行政官员集团，统括各阶层各利益集团的利益平衡，主导政策决定和执行。在外交和安全保障方面，在战后美日同盟70余年的磨合中，他们与美国深层政府几代人密切交往，积累了深厚的经验和人脉。

不过，美日深层政府亦有异同。美国外交受历史及文化要素的影响，"战略重点始终在欧洲"；而其负责东亚外交的官员人数少且主要是研习中国出身，对日本的关切和政策研究都很有限。因此，日本必须时时呼唤美国朝野及舆论重视日本、重视东亚，同时提供政策方案引导美国的政策决定。日本的常套手段是以各种方式资助所谓华盛顿

---

① 猪口孝『現代日本政治経済の構図』東洋経済新報社、1983年。猪口孝、岩井奉信『族議員の研究』日本経済新聞社、1987年。

精英，譬如美国主要论客和智库、政府官员及退职官员等，支持亲日派，促使美国接受日本研讨的政策方案。日本正是通过此类双方深层政府的相互作用、共同作业，获得了引导美国政策的外交成果。

例如，日本舆论时常以因有日本的深度参与而引为骄傲的"阿米蒂奇报告"为外交话题，前后共发表了四份报告。据悉，日本提供了巨额研究资金。日本最大报《读卖新闻》曾发社论评价日本长年深度参加"阿米蒂奇报告"之于强化美日同盟的重要价值。[①]

1995年的第一份报告还是时任克林顿政府国防部长助理约瑟夫·奈主持的，俗称"奈倡议"，正式名称是《东亚战略构想》。2002年第二份报告才是时任布什政府副国务卿阿米蒂奇主持，也称《阿米蒂奇报告》，已转任哈佛大学教授的约瑟夫·奈也参加了该报告的制定；也可以窥见这又是跨美国两大政党的政策报告。此后2007年第三份、2012年第四份也是以两人为主，只是阿米蒂奇已退职。在这里，简要回顾一下四份报告与美日同盟适用范围扩张的政策过程之间的关系。

第一份报告发表于1995年，时值后冷战时期，美日同盟失去了对象敌国苏联，陷于无目的之"同盟漂流"。《读卖新闻》名记者船桥洋一于1997年出版的《同盟漂流》被热捧为名著。该书以1994年朝鲜半岛核危机，1995年冲绳美军强奸少女事件，1996年台湾海峡危机为主要题材，描述了后冷战时期美日同盟无目的漂流的危机。日本亟须赋予美日同盟新的目标，桥本政府正是在此等后冷战思虑之中，发明了"周边事态"这一新词，实则是把台湾问题确定为美日同盟的新目的。新词"周边事态"得到了美国认可，桥本又以接受美国所求为口

---

① 『読売新聞』社论、2012年8月17日。

实,在日本推动立法,实现了美日同盟适用范围的第一次扩张。

第二份报告出自 2002 年的小泉纯一郎政府时期,小泉首相从参拜靖国神社、与中韩对抗,发展至全面破坏中日关系;在 2005 年美日外长防长 2+2 会谈时,经日本提议首次把"台湾"二字写入了"美日同盟目标"之中,用词是"敦促台湾海峡的和平"。①

第三份报告发表于 2007 年安倍晋三首次任首相后,第一次提出日美澳印四国安全保障机制,积极与美国互动。然而,布什政府赖斯国务卿却未予首肯。

第四份报告于安倍重握首相权柄的 2012 年问世。安倍于 2015 年完成了美日同盟适用范围的第二次扩张,通过将安保法案正式升级为法律,为日本自卫队出兵海外、行使集体自卫权奠定了法律基础,②日本自卫队得以依据美日同盟派兵海外,对全球安全保障行使军事力量。

(二) 安倍的领导力外交与特朗普冲击安培外交的成功与失败

安倍的领导力外交试图在美日同盟框架下引导美国的认同,有的成功了,有的失败了。

1. 引导奥巴马的安倍外交

安倍晋三第一次任首相时,就曾积极推动美日澳印联合,然而布什政府未予应允。2007 年 8 月 9 日,日本防卫大臣小池百合子访美时会见美国国务卿赖斯,并游说构筑美日澳印四国安全保障机制。赖斯

---

① 「日米同盟:未来のための変革と再編」,2005 年 10 月 29 日、http://www.clearing.mod.go.jp/hakusho_data/2011/2011/html/ns328000.html。

② 《安倍让日本走向战争极可能渲染中国入侵》,《南方早报》2015 年 9 月 21 日,http://www.xinhuanet.com/mil/2015-09-21/c_128250796.htm。

当即回答，"慎重为好，会给中国发出引起误解的信息"，"印度是不结盟国家，是一个独立的存在。跟印度就个别问题发展合作关系比较适合"，全面否定了日本的政策。① 安倍同时期访澳访印，公开鼓吹美日澳印联合，也未获响应。

奥巴马政府的国务卿希拉里2010年1月发表了亚太政策演讲，要求强化同盟关系、团结伙伴国家、应对中国崛起。② 翌年11月，奥巴马总统终于宣示美国将"重返亚洲"，实施亚太再平衡战略。③

2012年《阿米蒂奇报告》（Armitage Report）于9月发表，12月安倍晋三连任首相，日本外交从以亚太地域外交为中心，转向安倍所称"俯瞰地球仪外交""积极和平主义外交""日本领导力外交"；力图超越亚太地域外交范围，开展日本的世界外交，展示出了前所未有的规模性和主动性。不过，日本外交始终不变的基本路径是通过加强美国在亚太的存在感及领导力，以日美同盟为基轴来遏制中国的领导力。如前述，从20世纪90年代中期开始，日本推进的中心课题是扩张美日同盟的适用范围，牵制中国、阻止中国解放台湾。日本外交行动模式主要是借力发力，引导美国外交。

希拉里和奥巴马的政策演讲以及2012年9月的《阿米蒂奇报告》，虽然都发生在安倍同年12月继任首相之前，这反而证实了日本"霞关权贵"不会因首相及执政党的交替而改变其外交行动模式。可见，"霞关权贵"在安倍再握首相权柄之前，一直在推动政策制定过程，进行政策准备。"霞关权贵"纵跨美日数届政府，持续地与美国

---

① 「文章题目」、『每日新闻』、2007年8月10日。

② Hillary Rodham Clinton, "Remarks on Regional Architecture in Asia: Principles and Priorities," US Department of State, January 12, 2010, http://www.state.gov/secretary/rm/2010/01/135090.htm.

③ White House, "Remarks by President Obama to the Australian Parliament," November 17, 2011.

深层政府的同行沟通，不懈引导，终于在奥巴马执政期间将日本政策成功转化为美国政策。日本前大使冈崎久彦曾撰文分析了从2010年1月希拉里讲演至2011年11月奥巴马讲演时期，美国回归亚洲即"亚太再平衡战略"的形成过程，指出日本自2006年安倍政府正式决定对抗中国的外交政策，终被美国政府接受。①

2015年11月19日，在日本外务省网站公布的安倍奥巴马东京会谈记录，这是一窥日本在政策过程中成功引导美国的典型例子。安倍首相称："日本的'积极和平主义'与美国的'再平衡政策'相互提携，愿将此坚如磐石的日美同盟有效运用于亚太地域，促进国际社会的和平、稳定、繁荣，使之成为日美合作的新序章。"奥巴马总统回应，"美日同盟也是美国安全保障的基轴，祝贺贵国安保法成功立法，美日合作能够在日本、地区乃至世界实现进一步扩展"。安倍首相表示："进一步推进日美合作，与拥有自由、民主、法治等共同价值观的各国的联合是不可或缺的条件，希望以日美同盟为基轴共建和平与繁荣的亚太联合网络。"奥巴马总统回应，"日本安保法成功立法是一项历史性成就，而《跨太平洋伙伴关系协定》将划时期的改变地域贸易规范。美日在地区范围内需要为建立包括海洋法在内的国际规范及法治而努力。美国支持安倍首相关于建立联合网络的构想"。② 可以看到，会谈中安倍晋三引导话题，奥巴马则迎合响应、完全赞同。安倍晋三和奥巴马达成了以美日同盟为基轴引领世界、遏制中国的共识。

不过，安倍的"俯瞰地球仪外交""积极和平主义外交""日本

---

① 冈崎久彦「米国のアジア復帰は本当に続くか」、2012年12月5日、https://www.nippon.com/ja/currents/d00065/。

② 外务省「日米首脳会談」、2015年11月20日、http://www.mofa.go.jp/mofaj/na/na1/us/page4_001565.html。

领导力外交"并不说明日本有志于独立自主,而是意图将美日同盟适用于全世界,借美国之力让日本充当国际领袖之一。日本政府对国内的常规说辞是,日本军队只有支持美国在世界的军事行动,才好要求美国保卫日本及其周边事态;可见阻止中国统一一直是日本外交的一个重要因素。

安倍晋三是首位公开宣布日本要发挥国际领导力的首相,日本对中国外交的政策目标从"牵制中国"升级为"遏制中国",意图通过以美日同盟为基轴构建地区和国际秩序。在日本及西方舆论场上,一时间,"亚太版小北约"、《跨太平洋伙伴关系协定》(TPP)、《跨大西洋贸易与投资伙伴关系协定》(TTIP)等被炒作得红红火火。

在安全保障方面,安倍外交意图以美日同盟为基轴,与美国各个盟国结成同盟网络,再与非盟国结成伙伴网络,构成遏制中国的三层联合网络,并奢望结成"亚太版小北约"。前述奥巴马"祝贺贵国《安保法》成功立法,美日合作能够在日本、地区乃至世界实现进一步扩展",是指2015年安倍完成了行使"集体自卫权"的安保法的系列立法,使日本自卫队得以依据美日同盟对全球安全保障行使军事力量。这是继1996年桥本首相完成"周边事态"立法之后,日美同盟适用范围实现的第二次扩张。

2016年8月,在肯尼亚举行的第6届日本非洲发展大会上,为了对抗中国的"一带一路"倡议,安倍又推出"自由开放的印度洋—太平洋战略"(Free and Open Indo-Pacific Strategy)。"印度洋—太平洋"是日本政府造的新词,安倍构想的以日美为基轴的抗中网络是跨太平洋、印度洋,直达大西洋,以原发达国家为中心的跨三洋联合,维系以原发达国家为中心统治世界的国际秩序。①

在国际经济方面，鉴于中国的崛起本身就打破了由发达国家主导的国际经济秩序，因此日本致力于基于自由主义国际经济规则、基于共同价值国际关系规则，重构以发达国家为中心的国际经济秩序。安倍于2013年呼应奥巴马"不让中国制定规则"的号召，参加《跨太平洋伙伴关系协定》谈判。同年，奥巴马开启了与欧盟的《跨大西洋贸易与投资伙伴关系协定》谈判，安倍也于同年开启了与欧盟的经济伙伴关系协议谈判，意图构建日美欧三极发达国家经济共同体，②重构以发达国家为中心的国际经济秩序。

此外，为了在周边地区孤立遏制中国，安倍政府在钓鱼岛问题上引导美国在美日同盟框架内对钓鱼岛问题的表态，同时，借力美日同盟在南海问题上积极炒作岛礁海域争端，意图实现以美日为基轴，联手一些发达国家展开合力干预。

2016年，日本在农业利益上做出了前所未有的让步，不顾美国国内的反对声浪，下决心签署了《跨太平洋伙伴关系协定》。日本同年又与欧盟签署了日欧经济伙伴协定。然而，奥巴马却无法消除美国国内利益集团的反对意见，停止了跟欧盟的《跨大西洋贸易与投资伙伴关系协定》谈判。

2. 后奥巴马时代安倍引导外交受挫

安倍外交不仅注重对美国的政策引导，还为此主动介入美国政府高级官员的人事任用。笔者发现了下述实例。

---

① 赵宏伟：《为抗"一带一路"安倍搞起来三洋连网》，中国人民大学重阳金融研究院，2017年11月28日，http://www.rdcy.org/index/index/news_cont/id/41604.html。

② 牧野直史「米EU間の巨大FTAが交渉入り」、2013年7月、https://www.jetro.go.jp/ext_images/jfile/report/07001410/europe_fta.pdf。

2016年11月特朗普胜选后一个月，据日本防卫大学前校长、著名国际关系史学者五百旗头真回忆，日本预测希拉里·克林顿将当选下届总统全无悬念。9月和10月中间一个多月的时间里，（五百旗头真）赴美，住在哈佛大学。其时，约瑟夫·奈教授和奥巴马政府国务院助理国务卿坎贝尔（现拜登总统府印太事务协调员）联手开始为即将诞生的希拉里政府遴选120人的外交精英。可是，形势逆转，特朗普当选，拥有优良政治和外交资质的人选全被驱逐，这令日本措手不及。①

3. 力图诱导特朗普

安倍政府并未气馁，面对危机快速制定反应对策。一是加强美日两国"深层政府"之间的沟通，试图通过共和党系的建制派权贵和官僚集团诱导特朗普渐次走上安倍和奥巴马达成的、以美日同盟为基轴的引领世界和遏制中国的道路。当时美日两国舆论也都认为非政治精英的特朗普总统也不会独步多远，会渐次被引导上政治行政精英们铺设且掌控的常轨。二是密切首脑交往。特朗普讲"美国第一"，不顾及同盟关系，只追求利益交易；已经放言对盟国也要加增关税；还要求盟国增加军费，增加对美军购；又多次发言主张削减海外驻军。安倍的应对之策是紧紧追随特朗普。然而，特朗普执政伊始即废弃了奥巴马签署的《跨太平洋伙伴关系协定》。美国退出《跨太平洋伙伴关系协定》，尽管日本接力，主导了《全面与进步跨太平洋伙伴关系协定》（CPTPP），获得了构建自贸区的领导权，但其在经济及人口规模

---

① 五百旗头真「2016年は人類史の転換点国際秩序の中軸が"自壊"した」『週刊ダイヤモンド』、2016年12月31日・2017年1月7日新年合併特大号、68-69頁、https://www.diamond.co.jp/go/dw/trial/20161231/HTML/index4.html。

上失去魅力。

2016年8月，安倍在肯尼亚举行的第6届日本非洲发展大会上，正式提出"自由开放的印度洋—太平洋战略"。日本通过做美国深层政府的工作，向特朗普推荐"印度洋—太平洋战略"（简称"印太战略"）。有证据表明，日本的手法是通过游说美国外交和国防高官，最终将政策用语嵌入特朗普演讲及签发的政策文本之中。日本计划利用2017年11月特朗普先访日本、后访中韩及越菲、参加亚太经合组织首脑会议和东亚首脑会议之际，由特朗普总统发表"新亚太战略"，念出"印度洋—太平洋战略"这一关键词。① 随着特朗普访日临近，日本主流媒体开始制造舆论，宣称特朗普会在东京宣示"新亚洲战略"和"印度洋—太平洋战略"。② 可是，特朗普并未在东京做政策讲演，公开讲话中也未见其言及"印度洋—太平洋战略"。事后，日本外务省以"印度洋—太平洋战略"为题，作为日美首脑会谈的成果，发布在了外务省网页主页上。③ 显而易见，日本外务省意在造就既成事实。特朗普在越南参加亚太经合组织领导人非正式会议时的演讲中提到"印度洋—太平洋地区"，但没有明确提出"战略"二字。特朗普的原话是，"各个主权独立国家追求各自的自由，实现自由开放的印度洋—太平洋地区"。④ 显而易见，特朗普话语是把本国第一作为价值

---

① 药师寺克行「トランプはインド・太平洋戦略を曲解している日本が中国への対抗策を提案したのに……」、『東洋経済』2017年11月14日。

② 「トランプ大統領：新アジア戦略「インド太平洋戦略」提示か」、『毎日新聞』2017年11月3日。

③ 日本外务省「日米首脳ワーキングランチ及び日米首脳会談」、2017年11月6日、https://www.mofa.go.jp/mofaj/na/na1/us/page4_003422.html。

④ 「APEC関連会合 首脳演説 米「2国で」/中「多国」通商、違い鮮明」、『毎日新聞』2017年11月11日、https://mainichi.jp/articles/20171111/ddm/001/030/170000c。

观在国际会议上予以宣示。他坚决拒绝任何共同价值、同盟价值的束缚，只为"美国第一"。

此后直至退任，特朗普话语中再也未言及过"印度洋—太平洋"一词，也从不使用"战略"一词，只讲"交易"，特朗普外交亦可称为"交易外交"，源于他经商生涯中的代表作《交易艺术》。不过，美国国务卿和国防部长曾使用"印度洋—太平洋战略"一词，国防部还组建了印度洋—太平洋军司令部，发布了《国防战略报告》。① 如此来看，日本引导美国外交政策成果有限。

4. 从"基轴"变为"基础"的美日同盟

日本外交的一个传统是美国每换一届总统之际，都要跟新上任的美国政府确认一次美日同盟之重要性。安倍知晓特朗普不言"同盟"二字，便更加积极地行动起来。从特朗普确定当选的2016年11月起，安倍打电话、赴纽约拜访待任总统特朗普，次次言及美日同盟话题；却始终未曾从特朗普口中引出"同盟"二字。2017年2月，安倍争得殊荣，成为特朗普上任之后接待的第一位外国首脑。日本关注的是安倍与特朗普的联合声明能否重申美日同盟的定位。美日联合声明发表的用词是"美日同盟是太平洋地域和平与稳定的基础"。在其后两国首脑共同会见记者时，特朗普又省略了"太平洋地区"，只说"美日同盟是和平与繁荣的基础"。② 这样的表述不仅删掉了"世界"和"亚洲"，"太平洋"和"印度洋—太平洋"也没说，只剩下"日本"了；而最关键的是"基轴"也被改为"基础"了。

---

① 《美国国防部发布〈印度—太平洋战略报告〉2019》，中美印象，2019年6月2日，http://cn3.uscnpm.org/model_item.html?action=view&table=article&id=18687。

② 日本外务省「日米首脑会談」、2015年11月20日、http://www.mofa.go.jp/mofaj/na/na1/us/page4_001565.html。

如前所述，安倍和奥巴马达成了以美日同盟为基轴引领世界的共识。而"基轴"是1996年桥本龙太郎在制定周边事态法时，最早使用的关键词，当时用语是"日美关系是日本外交的基轴"。[①]"基轴"是表明日本从局限于日本本土的"专守防卫"迈向周边、进而迈向世界的概念；历经二十年，该词已成为美日同盟约定俗成的专用词。奥巴马更是将此表述为"也是美国外交的基轴"，适用范围亦扩张到了"世界"。

值得注意的是，"基轴"和"基础"在英语中对应的词语同为"cornerstone"。美日联合声明的英文版用词并没有变，只是将日文版用词从"基轴"改译为"基础"。可见，特朗普细腻到要求改译日文版用词。"基轴"是二十年来约定俗成的概念，又是谁告知了特朗普日文版的这个译词的奥秘呢？可以推测，特朗普将"基础"一词强加于日本，旨在废弃安倍与奥巴马以美日为"基轴"引领世界的共识，把美日同盟打退回到二十年前限定于日本本土的"专守防卫"之"基础"层面上了。料想不到的事态所产生的超出预料的强烈冲击，致使日本政界和媒体集体失语。只有笔者著文分析，还有几次论坛报告，却也无人提问或反驳。[②] 这一点不仅表现在特朗普的言辞上，还表现在其实际活动上。曾经红红火火的美日军演、美韩军演、美日韩演练，也以他一句"太花钱"，说停就停了。更有甚者，他竟然讲出该

---

① 「第百三十九回国会における桥本内阁総理大臣所信表明演说」、1996 年 11 月 29 日、https://www.kantei.go.jp/jp/hasimotosouri/speech/1996/shoshin-1129.html。

② 赵宏伟:《中国外交论》，[日] 明石书店，2019，第 201 页。趙宏偉講演「歴史からみた現在の中国外交」第 163 回外交円卓懇談会、公益財団法人日本国際フォーラム、グローバル・フォーラム、東アジア共同体評議会共同主催、2020 年 9 月 11 日、外務省官員四人旁听，https://www.jfir.or.jp/j/activities/diplomatic_roundtable/163_200911.htm。

从日韩撤军。日本政界和媒体也只好以静默来应对。

2012—2016年的安倍外交，如前所述，展现出从属同盟、揣度同盟，甚至引导美日同盟的行动模式，以美日同盟为基轴引领世界、遏制中国，使中日关系自小泉纯一郎政府以来再次陷于敌对状态。2017年特朗普执政后，推行"美国第一"外交，拒绝同盟行动，独往独来，是为一种孤立主义外交。安倍以美日同盟为基轴引领世界、遏制中国的"俯瞰地球仪外交""积极和平主义外交""领导力外交"也就随之终结了。

（三）向"日本第一"移步的安倍外交

面对特朗普冲击，安倍一边尽力维系美日同盟，一边开始摸索改善中日关系。如前所述，在美国退出《跨太平洋伙伴关系协定》之后，日本接棒开始发挥领导力。2018年，日本与其余11个国家成功缔结了《全面与进步跨太平洋伙伴关系协定》。同年，日本与欧盟经济伙伴关系协定也正式生效。

日本曾为了追随奥巴马力推的《跨太平洋伙伴关系协定》，而拖延《区域全面经济伙伴关系协定》的谈判；日本主要的担心是，中国作为东亚地区最大的经济体，会在《区域全面经济伙伴关系协定》中成为领导者。日本从2018年开始对推动《区域全面经济伙伴关系协定》变得积极起来，其中一个重要原因是，特朗普只讲美国第一，不在乎日本。日本外交便出现了思考"日本第一"，摸索独自外交的倾向。日本政界主流主张联美抗中，虽然可以得到政治意识形态上的虚荣感，可是抗中并无实利，只有进行中日经济合作才可得到实利。安倍外交移步"日本第一"，经济外交和改善日中关系便成为优先课题。

为此，日本积极推动《区域全面经济伙伴关系协定》谈判，2020年，十五国全面完成谈判（印度因国内利益集团反对而退出）。《区域全面经济伙伴关系协定》涵盖世界人口的三分之一和GDP的三分之一，是世界最大的自由贸易区。日本在自贸区构建上所取得的成果几乎完全是由安倍政府于2013年之后取得的。

2017年，安倍开始主动寻求改善极度恶化的中日关系。2018年10月25日，安倍访华，这是日本首相时隔七年再次访问中国，在北京宣布"日中关系实现了正常化"，并公布"日中关系三原则"，宣称已与中国政府达成了共识："化竞争为协调""不是威胁是伙伴""促进自由公正的贸易体制"。[①]

21世纪前20年，从小泉到安倍，日本政界主流势力的对华政策可以说是经历了几个转变：从对抗到协调；从"日中友好"到"政冷经热""政冷经冷"再转为互利合作；从拒绝与中国结成自由贸易区到共建《区域全面经济伙伴关系协定》。

日本外交话语中的"促进自由公正的贸易体制"有影射中国在对外贸易上不自由公正的意涵。只是安倍在北京表述"促进自由公正的贸易体制"时，接下来的话语是"日中两国为世界和平与繁荣做出共同贡献"，含有希望跟中国共同发挥世界领导力的意涵。可以断言，对于日本来说，虽然一直追求跟着美国发挥世界领导力，但在被特朗普漠视的局面中，也不是没有跟中国合作发挥世界领导力的选择。安倍在北京宣布日中关系进入了"新阶段""新时代""新次元"，应是

---

① 《安倍会见习近平确认日中关系新"三原则"》，法国国际广播电台，2018年10月27日，https://www.rfi.fr/cn/%E4%B8%AD%E5%9B%BD/20181027-%E5%AE%89%E5%80%8D%E4%BC%9A%E8%A7%81%E4%B9%A0%E8%BF%91%E5%B9%B3%E7%A1%AE%E8%AE%A4%E6%97%A5%E4%B8%AD%E5%85%B3%E7%B3%BB%E6%96%B0%E4%B8%89%E5%8E%9F%E5%88%99。

意指在亚太地区及世界事务中加强两国合作，做出共同贡献。①

在北京会谈中，作为宣示推进两国合作的诚意及计划，安倍停止使用"印度洋—太平洋战略"一词，改用"自由开放的印度洋—太平洋构想"一词。关于中国的"一带一路"倡议，日本不直接表示赞否，代之提倡两国开展第三国合作，即在第三国合作进行基础设施建设。习近平和安倍亲临已事先精心筹备、同时召开的两国企业界第三国合作论坛，见证了52项合作协议的签字。第三国合作也是有利于日本企业界的合作方式。日本深陷少子高龄化，带来人力资源危机，企业概因人力不足，技术能力、施工能力下降，很多项目无力独自承建。② 譬如2018年，日本企业就因无力承建而放弃了已经中标的在土耳其和英国建造核电站的项目，退出了泰国首都圈高速铁路建设项目的签约。同时，日本企业已有一些跟中国企业合作建设"第三国项目"的成功经验，例如中俄日企业合作开发了北极气田，日本企业有必要与中国企业合作，参与"一带一路"建设，取长补短，合作互利。③

三、结语

本来计划在2020年3月樱花盛开之期，习近平主席将正式访问日

---

① 首相官邸「日中平和友好条約締結40周年記念レセプション安倍総理挨拶」、2018年10月25日、https://www.kantei.go.jp/jp/98_abe/statement/2018/1025jpncn40.html；首相官邸「日中第三国市場協力フォーラム安倍総理スピーチ」、2018年10月26日、https://www.kantei.go.jp/jp/98_abe/statement/2018/1026daisangoku.html。

② 「インフラ輸出、進む劣化・人材難、技術力が低下」、『日本経済新聞』2018年11月8日。

③ 赵宏伟：《"一带一路"倡议与全球治理模式的新发展》，《南开日本研究》2020年第1期，第17—30页。

本，维系向好安定的两国关系。但是3月，全世界进入新冠肺炎疫情期，习近平主席的访日延期。

美国进入特朗普执政时期后，特朗普全力甩锅中国，中美关系急剧恶化。日本政界、舆论界亦受其影响反华炒作再飙热度。2021年，拜登当选美国总统，重拾传统的联盟路线，联盟抗中。日本政界主流对于重回1996年后十数年铺设过来的"日美基轴""周边事态"、日美澳印、印太战略、遏制中国等老路惯力十足。也有部分日本政界精英认为，此时不挺美国，世界就完全是中国的天下了。由此，便有了2021年4月17日美日发表联合声明，开始正式干预台湾问题。

中日关系又一次发生了转变。然而，日本政界主流主张联美抗中虽然可以获得意识形态上的自我满足，可是抗中并没有获得实利，只有损失。无论美日同盟的内涵如何变化，日本首先还是要考虑自身的国家利益。

拜登政府对华全面战略竞争：
背景、表现及挑战

孙志强[*]

摘　要　中美关系是全球最重要的双边关系之一，影响国际秩序稳定及世界未来发展。自特朗普时期始，美国对华战略基调由接触转为竞争。拜登上台后，延续了这一战略基调，将中国视为美国最主要的战略竞争对手。美国实力在整体衰落，但不愿失去其世界领导地位，在地缘政治、经济发展、高新技术和意识形态等领域与中国展开激烈竞争。美国对华战略竞争过程中有成本下限。这主要源于美国提供全球公共产品的能力下降、中美经济相互依赖、盟友并非完全支持和国内现状限制等因素的制约。中美战略竞争不会滑向新冷战。双方应在权势均衡与制度合作的发展中，寻求最大利益共识及可操作的战略空间，推动构建更加公正合理的国际秩序。

关键词　拜登政府；美国对华战略；战略竞争；战略意图；权力政治

---

[*] 孙志强，山东大学国际问题研究院助理研究员。

国家间战略竞争是指一国面临对其构成威胁或挑战的他国时，力图在权力、安全、财富、地位及影响力等方面获得优势的竞争。① 特朗普政府时期，通过2017年《国家安全战略报告》和2018年《国防战略报告》，已明确将中国定义为"战略竞争对手"（strategic competitor）。拜登政府上台后，延续了对华竞争的战略基调，认定中国是美国"最严峻的竞争对手"（most serious competitor）。相较于特朗普政府，拜登政府回归多边主义和国际合作，强化民主、人权及价值观等问题，开始对中国实施全面战略竞争。②

一、竞争背景

历史上，英国、苏联和日本均与美国产生过激烈竞争，但结果是英国交让全球领导权，苏联解体，日本发展陷于长期停滞。中美战略竞争与英美、苏美和日美竞争均不相同。中美战略竞争中，竞争、对抗、合作关系并存，并以竞争关系为核心，在诸多领域面临同质性竞争。按照权势转移理论，中国是崛起国，美国是守成国。美国为保持霸权地位，可能会进行先发制人的打击。③ 但拜登团队属主流建制派，基于理性的利益计算会保持竞争可控性，为中美合作预留空间。因此，双方落入"修昔底德陷阱"的概率很小。

---

① Michael J. Mazarr, et al., *Understanding the Emerging Era of International Competition: Theoretical and Historical Perspectives*, Santa Monica, California: RAND Corporation, 2018.
② 赵明昊：《拜登执政与美国对华战略竞争走向》，《和平与发展》2021年第3期，第14-36、第135-136页。
③ Ronald L. Tammen, et al., *Power Transitions: Strategies for the 21st Century* (New York: Chatham House Publishers, 2000), pp.6-8.

（一）战略动因

21世纪初，美国的精力主要放在应对恐怖主义上。奥巴马政府时期，美国对华关系走向紧张。特朗普执政和中美"贸易战"则标志着中美战略竞争时代的开始。[①] 拜登政府上台后，美国对华展开全面战略竞争，主要原因如下。

第一，权力位势差距缩小。中美由20世纪90年代的战略伙伴关系发展到如今的战略竞争关系，根源在于两国权力位势差距缩小。权力位势变动属于深层结构性因素。中国迅速崛起而美国相对衰落，引起美国产生极强的焦虑感和危机感，遏制中国崛起成为美国社会的共识。

第二，制度竞争影响。美国认为，中国正通过亚洲基础设施投资银行、金砖银行、"一带一路"倡议和《区域全面经济伙伴关系协定》（RCEP）等机制不断提高本国在国际制度中的话语权，从而挑战美国制度霸权，最终目的是塑造一个与美国利益背道而驰的国际制度体系。[②] 美国对此应采取措施进行遏制。

第三，意识形态对立。美国认为，中美政体不同、制度不同，美国是"民主灯塔"，而中国是"修正主义国家"。随着中国崛起，"中国威胁论"成为美国府院和两党凝聚共识的工具，并辐射整个西方舆论场。美国意图与盟友及伙伴建立统一战线，阻止中国发展，并使中国尽快融入西方所主导的国际秩序中。

[①] 门洪华：《关于中美战略竞争时代的若干思考》，《同济大学学报（社会科学版）》2021年第2期，第20-30页。

[②] 叶晓迪：《从接触到遏制？美国后冷战时期对华战略转变的逻辑探析》，《世界经济与政治论坛》2021年第1期，第1-28页。

第四，国内支持。美国领导世界和动员集体行动的能力始于国内。随着国力衰落，特朗普时期的保护主义、排外主义和退群内顾等开始得到美国大众普遍支持。拜登政府上台后，通过在外树立敌对方，转移国内注意力，企图达到重振本国经济、解决种族矛盾和弥合社会分裂的目的。

第五，决策者行为偏好。特朗普重利务实、好胜强硬的执政风格是美国对华采取战略竞争的重要诱因。而拜登是民主党温和中间派的代表，其担任美国国会参议员达 36 年之久，又有 8 年副总统的经历，上台后，他应一改特朗普时期偏狭封闭的执政风格，对华采取较为稳健务实的策略。但目前迫于内外压力，在处理对华关系上，拜登最终仍采取了实用主义原则，整体延续特朗普时期的战略框架。

（二）战略目标

美国对华全面战略竞争的最终目标是拉开与中国的实力差距，保住自身霸权地位，并联合盟友与伙伴把中国融入美国所主导的世界体系中。美国的以下行为体现了该战略目标。

第一，重回多边主义传统，重新激活美国的全球联盟，防止中国利用经济影响力降低西方阵营的凝聚力。拜登上台后，美国重新加入《巴黎协定》，重返联合国人权理事会和世界卫生组织，巩固自身在世界银行、世界贸易组织及国际货币基金组织等多边机构的领导地位。同时，美国还积极修复与盟友关系，确保盟友忠诚度，重塑美国占支配地位的国际秩序。

第二，维护现有国际体系，利用自身国际地位优势和领导权威打压中国，阻挠中国在多边场合进行议程设置或规则协商。美国还试图联合盟友及伙伴继续掌控各领域国际规则制定权，将中国规锁在美国主导的国际制度体系中，改变中国的身份认同，或是将中国排除在特定合作框架之外。

第三，强化意识形态对立，打着维护美国"民主价值观"的旗号，巩固西方价值理念在全球政治体制中的主导地位。美国认为，必须重置外交政策方向，强调尊重"人权"和"法治"，团结所有民主国家，继续保持其在国际舆论场中的话语权优势。以此占据道德制高点，再通过议题导向，在台湾、涉港、涉疆和涉藏问题上对华施压。

第四，优先解决国内问题。拜登政府需要优先处理新冠肺炎疫情、经济衰退、种族冲突、枪支暴力和民粹主义狂热等国内问题，进一步强化基础设施建设，改善社会福利，重振本国制造业。美国当前的国内问题又以中产阶级的问题最为迫切。因此，拜登政府还提出所谓"服务于中产阶级的对外政策"，以确保本国中产阶级的繁荣、团结和安全。美国必须打通内外政策的樊篱，有效解决内部治理体系的失能。在解决好国内问题的基础上，才能更好地开展对华竞争。

二、具体表现

拜登政府上台创造了一个改善中美关系的机会窗口。但由于特朗普时期中美关系持续下行的强大惯性，拜登政府在双边关系上的回旋空间较小，不会彻底改变对华竞争的战略基调。2021年4月13日，美国国家情报局发布的《2021年度威胁评估》指出，中国是美国面临的首要威胁。① 4月21日，美参议院委员会通过《2021年战略竞争法案》，指责中国对自由开放的世界秩序构成重大威胁。② 由此可见，拜登政府仍将中国视为主要战略竞争对手。

（一）地缘遏制是对华战略竞争的核心领域

地缘政治是大国关系中最具统领性的因素。拜登政府延续奥巴马政府的"亚太再平衡战略"及特朗普政府的"印太战略"，将印太视为美国最重要的势力范围，积极打造全方位军事封锁圈，对中国进行联盟围堵。同时，美国也采用军事施压和制度约束的方式，不断削弱中国在该地区的影响力，并意图将中国拖入某种形式的军备竞赛，利用长期消耗战拖垮中国。美国的做法包括以下几个方面。其一是大搞集团政治，以美日印澳"四边机制"为主体，加强与韩国、新加坡和越南的安全对话，推动地区军事合作，试图打造"亚洲版北约"。其二是强力扶持印度，深化双方防务、情报及后勤合作，将印度作为美国印太战略的重要支点。其三是强化美日同盟，联合日本发表"2+2"联合声明和美日领导人联合声明，承认《日美安保条约》适用于钓鱼岛，等等。其四是联合英国、澳大利亚建设一种新的三边安全伙伴关系（AUKUS）。三国声称致力于促进与国防相关的科技、工业基地和供应链的整合，将深度介入印太地区，保护在该地区的共同利益，维

---

① Office of the Director of National Intelligence, *Annual Threat Assessment of the U. S. Intelligence Community*, April 9, 2021.

② *Strategic Competition Act 2021*, https://www.foreign.senate.gov/imo/media/doc/DAV21598%20-%20Strategic%20Competition%20Act%20of%202021.pdf.

护基于规则的国际秩序。① 其五是提升美台军事合作力度,不仅多次派航母穿越台湾海峡,还意图"使台湾重获世界卫生组织观察员地位"。其六是否定中国在南海的岛礁主权,偏袒其他南海主权当事国,主张通过多边外交解决南海领土争端。美国还在南海大搞军事演训活动,拉拢英法德等国派军舰巡航南海。通过以上一系列手段,美国拉拢盟友,在印太地区不断"搅局",强化对中国的地缘遏制政策。

(二)经济压制是对华战略竞争的重要基础

美国在全球范围内与中国争夺市场、资源、资金和技术,利用其对国际机制的影响力,在全球重组产业链、重构供应链和重塑价值链,巩固自身对中国的经济优势。具体做法包括以下几个方面。其一是强调公平贸易原则。美国全面审议对华贸易政策,要求中国开放不对称的市场,倡导反倾销、反政府补贴,强化知识产权保护标准等。美国还将经贸议题与环保、劳工问题挂钩,对中国施加惩罚性关税,打击中国贸易优势。其二是强化跨国投资安全审查,要求美国资本回流本土,重振本国制造业,导致中美双向直接投资和风险投资显著减少。其三是指责中国产业政策扭曲市场环境,在各区域经济协定中加大排斥中国的力度,利用长臂管辖手段制裁中国企业,迫使中国在产业政策上让步。② 其四是敌视《中国制造2025》行动纲领,拉拢盟友降低对中国供应链的依赖,签署行政令,重建关键产品的生产能力。

---

① "Aukus: UK, US and Australia launch pact to counter China," *BBC News*, September 16, 2021, https://www.bbc.com/news/world-58564837.

② 佟家栋、鞠欣:《拜登时期中美战略竞争态势、挑战与应对——基于双边经贸关系视角》,《国际经济评论》2021年第3期,第6、第102-120页。

同时，不断加强本国供应链弹性，确保本国供应链安全，并在半导体、药品、稀土和高端高能电池等方面构建强韧供应链。① 美国拼凑孤立和排斥中国的国际经贸阵营，在全球贸易、投资、产业政策、供应链建设等方面不断采取措施打压中国。

（三）高新技术是对华战略竞争的突出表现

高新技术是美国维系霸权的基础。拜登政府把科技创新置于打造更加强大美国的核心位置。美国采取精确打击的做法，在量子计算、人工智能、半导体、物联网、新能源和5G等高新技术领域与中国激烈角逐。中国目前是世界上最大的高新技术产品出口国，2020年出口额高达7334亿美元，但大部分材料和组件都依赖进口。② 且中美研发投入差距正逐年缩小。2020年，美国国内研发支出总额达5700亿美元，而中国为5159亿美元。美国的做法如下。其一是不断加大研发投入，力争让研发总投入水平达到GDP的3%，保持与中国之间的科技研发投入差距。美国还采取"小院高墙"策略，③ 扩大技术封锁范围，限制中美科技人员交流，构建对华闭合式技术封锁网络。④ 其二是推出《无尽前沿法案》（*Endless Frontier Act*），准备拨款1100多亿美元，用于基础科学和先进技术的研究，提振科技竞争力，以在先进产业领

---

① 韦宗友、张歆伟：《拜登政府"中产阶级外交政策"与中美关系》，《美国研究》2021年第4期，第71、第93-109页。

② M. Matheswaran, "US-China Strategic Competition in the Asia-Pacific," August 4, 2021, https://trendsresearch.org/insight/us-china-strategic-competition-in-the-asia-pacific/.

③ 根据这个战略，政府需要确定与美国国家安全直接相关的特定技术和研究领域（"小院"），并划定适当的战略边界（"高墙"）。

④ 吴心伯：《拜登执政与中美战略竞争走向》，《国际问题研究》2021年第2期，第34-48、第130-131页。

域抗衡中国。其三是强化"实体清单"机制,打压华为、中兴和字节跳动等中国高新科技企业。美国还针对知识产权保护和技术转让展开所谓"301调查",并采取出口管制、投资审查、加征关税和技术供应链调整等手段,遏制中国自主研发能力。① 其四是与盟友组建科技战略联盟,构筑"科技10国(T-10)"或"科技12国(T-12)"论坛,以及联合欧洲成立美国—欧盟贸易和技术理事会等,倡导限制中国的新科技规则,以便和盟友继续主导制定国际高新技术行业标准。② 拜登政府认为高新技术领域是中美战略竞争的关键一环,两国在高科技项目、人才和市场上的竞争态势将不断加剧。美国会继续以对华"科技脱钩"为政策目标,在出口管制、市场准入、人员安全审查方面加大对华打压力度。

(四)意识形态是对华战略竞争的内在根源

伴随国内政治极化现象,对华强硬开始成为美国的一种政治正确和爱国主义表达。尤其是政府内部的鹰派,蓄意挑起中美意识形态对立,公开指责中国实施"战狼外交",强迫国际社会选边站队,使得中美关系在震荡中持续下滑。美国的做法,其一是在价值观方面执行双重标准,以民主、人权为借口,利用台湾问题、涉港、涉疆和涉藏问题屡屡干涉中国内政。其二是指责污蔑中国的"一带一路"倡议、

---

① 王义桅:《中美叙事之争:是什么,为什么,怎么办?》,《美国研究》2021年第4期,第5-6、第24-44页。

② Steven Feldstein, "How Should Democracies Confront China's Digital Rise? Weighing the Merits of a T-10 Alliance," from Digital and Cyberspace Policy Program and Net Politics, November 30, 2020, https://www.cfr.org/blog/how-should-democracies-confront-chinas-digital-rise-weighing-merits-t-10-alliance. 文中提出,自由民主国家应构筑"科技10国(T-10)"或"科技12国(T-12)"论坛,来遏制中国的数字化崛起,维护西方的技术领导地位。

亚投行和金砖银行等通过给予一些国家政府提供巨额贷款，使这些国家深陷"债务危机"，从而增大中国影响力。还指责污蔑中国向一些发展中国家提供不加条件的经济援助是新殖民主义。其三是有意将中美之间的竞争渲染为制度的对抗，改变自尼克松总统访华以来两国建立在共同利益基础上的合作共识。意识形态在中美战略竞争中的显著度在上升，影响面在扩大。在美国的推动下，意识形态领域也成为美国与盟友在对华战略方面意见最为一致的领域。

综上，拜登政府为继续保持美国的霸权地位，强化中美关系的对抗性与冲突性，通过地缘遏制、经济施压、高新技术竞争和意识形态对抗等方式，与中国展开激烈竞争。

三、掣肘因素

美国在对华实施战略竞争时，也面临着以下掣肘因素：自身提供全球公共产品的意愿和能力下降，中美经济有着较强的相互依赖关系，盟友及伙伴并非完全支持美国对华战略，国内现状限制其对华采取过于激进的政策等。具体如下。

第一，美国提供全球公共产品的意愿和能力下降，无法继续承担过多的全球义务，不得不选择性抛弃一些长期的安全承诺与战略部署。由于承担全球义务的能力下降，美国开始进行战略聚焦，减少对海外事务的干预，相继收缩一些区域的兵力部署，快速调整并减轻自身战略包袱。拜登政府上台后，积极参与在维也纳举行的恢复伊朗核协议谈判的会议，对缅甸变局仅作象征性介入，并完全撤离驻阿富汗的美军。从阿富汗的仓皇撤军也表明美国凭借军事力量实现其战略目标的能力已非常有限。美国在国际体系中的单极地位逐渐减弱，多极力量重组与国际格局将朝着有利于中国的方向发展演进。

第二，中美经济有着较强的相互依赖关系，两国经济利益具有一定兼容性，仍存在较大合作空间。2020年，美国是中国第三大贸易伙伴，东盟、欧盟分列第一、第二位。① 同年，两国数字经济规模位列全球第一、第二，其中，美国数字经济规模达13.6万亿美元，中国则达5.4万亿美元。② 中美已成为全球信息技术产业两大增长极。两国信息和通信技术部门的附加值，合起来几乎占世界总量的40%。③ 中国还是全球最大单一市场以及唯一拥有全部工业门类的国家，共有39个工业大类、191中类和525个小类。据调查，中国控制生产的11种原材料和半成品，对美国制造业来说不可或缺。④ 而美国则面临着国内制造业空心化的难题。以高科技产业不可或缺的稀土元素为例，2019年，美国进口稀土的80%，欧盟进口稀土的98%，均来自中国。⑤ 中美作为全球前两大经济体，对世界经济具有举足轻重的影响。中美经贸关系本质是互利双赢，无论是中国对美出口还是美国对华投资都已成为两国国内经济的重要部分。在经贸领域，中美均无法完全脱离

---

① Ryan Hass, "How China is responding to escalating strategic competition with the US," March 1, 2021, https://www.brookings.edu/articles/how-china-is-responding-to-escalating-strategic-competition-with-the-us/.

② 《美国数字经济规模远超全球水平，中国增速第一有望"换道超车"》，第一财经，2021年8月4日，https://www.yicai.com/news/101130411.html。

③ 《联合国2019数字经济报告》，搜狐网，2019年9月15日，https://www.sohu.com/a/340941265_468661。

④ Richard Silberglitt, James T. Bartis, and Brian G. Chow, *Critical Materials: Present Danger to U.S. Manufacturing*, Santa Monica, California: RAND Corporation, RR-133-NIC, 2013, p. xi.

⑤ Agence France-Presse, Washington, "Rare Earth metals at the heart of China-US rivalry," *The Hindu*, June 14, 2021.

对方。

第三，美国盟友并非完全支持美国的对华战略。美国构建同盟体系的首要目的是为美国的利益服务，具有相对不平等性。美国同盟体系还曾遭受特朗普时期的"退群"行为和美国优先政策的猛烈冲击。拜登政府虽重回多边主义，却高估了美国在全球的影响力，低估了美国盟友因与中国对抗经受的损失，并缺乏对合作收益和成本分摊盘算的意识。美国的各盟友并非铁板一块，它们中的大多数还与中国保持着密切的经贸关系。受国家现实利益和信念驱动，它们并不希望中美关系太过紧张。

第四，美国国内现状限制其对华采取过于激进的政策。美国国内出现政治认同危机、经济复苏困难、决策中心分散和公共道德衰落的现象。同时，精英政治与商业资本相互掣肘，建制派和民粹派在对外政策上龃龉不断。民众正对美国重心长期在外的全球战略逐渐失去耐心。2021年1月6日的"占领国会山事件"深刻反映出美国社会的撕裂与美式民主危机。同时，美国海外行动越来越受制于财政的拮据，不得不大规模减少军事预算。国内持续的积极财政政策也让美国国债面临上升压力。截至2021年第二季度，美国国债规模攀升至28.53万亿美元。① 由此，美国国内的政治因素和经济因素都制约着美国的对华政策。

以上掣肘因素会促使拜登政府对如何发展中美关系保持清醒的认识。鉴于中美在世界政治经济中的复杂依存关系，以及国际权势格局和国内治理体系同步失衡的状态，拜登政府无法承受双方长期僵持所

---

① Federal Reserve Bank of St. Louis, https://fred.stlouisfed.org/series/GFDEBTN.

带来的巨大成本。在可预见的未来,美国对华战略重点不会是完全击败中国,而是在联合盟友的基础上,对华展开全面竞争,以加强美国相对于中国的长期优势。

四、未来走向

拜登政府上台后,执行新干涉主义,强调有规则的战略竞争,意欲重振美国领导下的自由霸权秩序。拜登政府虽然执政立场相对温和,注重政策连贯和多元平衡,但又认为中国有强烈动机和强大实力挑战美国领导权,因此向中国发出清晰的较量信号。2021年3月18日至19日,中美阿拉斯加2+2对话表明两国仍存在较大的战略分歧,双方国家意志较量持续升级。7月25日至26日,中美天津会谈上,美国常务副国务卿舍曼表示中美关系还是要有"护栏"(Guardrails),不能使冲突升级到不可控的情况。① 10月6日,中美苏黎世会谈上,双方同意采取行动,加强战略沟通,妥善管控分歧,避免冲突对抗,寻求互利共赢。11月16日,中美两国元首举行视频会晤,就事关中美关系发展的战略性、全局性、根本性问题以及共同关心的重要问题进行了充分沟通。双方同意继续通过各种方式保持密切联系,推动中美关系重回健康稳定发展的正确轨道。② 未来中美关系的发展趋势可能如下。

第一,中美结构性因素将长期存在,国际格局可能逐渐呈现中美

---

① 朱锋:《天津会谈释放何种信号》,凤凰网,2021年7月25日,https://ishare.ifeng.com/c/s/v006XdxdiXhLIBiJyV1pP6xDykkXpwB5nc6yUTbJ1r5XaQc_ _ ?spss=np。
② 《习近平同美国总统拜登举行视频会晤》,新华网,2021年11月16日,http://www.news.cn/2021-11/16/c_ 1128069671.htm。

松散两极的状态。① 中美之间没有核威慑，没有代理人战争，没有仅服务于各自利益的附庸国，全球也没有分裂成两大对抗集团，因此双方关系不会升级为冷战时期美苏之间的封闭式、体系式对抗。② 目前，双方硬实力刚性对抗色彩较淡，更多表现为经贸、科技、规则权、治理模式和意识形态等软实力较量。③ 未来美国可能会加强对华常规威慑力，双方或会在"灰色地带"（gray zone）④ 展开激烈角逐。

第二，中美政治互信不足，对对方意图充满不确定性，危机管理意识缺乏。美国先验地将中国对外政策嵌入对抗和冲突的逻辑链条，有意夸大中国的威胁，对中国发出很多复杂矛盾的信号，压缩两国战略利益协调空间。特朗普执政时期，两国甚至关闭对方总领事馆并驱逐记者，中美对话交流机制几乎陷入停顿。拜登上台后，频繁插手中国香港事务，在南海恶意制造事端，还无端指责中国对西方国家进行大规模网络攻击，甚至向世界卫生组织施压，试图将新冠病毒溯源问题政治化。中美战略互疑本身即具有缓慢的破坏性，而在此基础上形成的态度和采取的行动反过来又会加剧双方的不信任。两国不同的政治传统、价值体系和历史文化，以及对彼此的决策过程认识不足，也加深双方对彼此长远意图的深刻不信任。如果任由其发展下去，未来一个小事件，就有可能引起中美之间的擦枪走火。

---

① 丑则静：《百年变局下的国际格局演化与中美战略竞争新态势》，《新视野》2021年第3期，第120-128页。

② Thomas J. Christensen, "There Will Not Be a New Cold War: The Limits of U. S.-Chinese Competition," *Foreign Affairs*, March 24, 2021, https://www.foreignaffairs.com/articles/united-states/2021-03-24/there-will-not-be-new-cold-war.

③ 林利民、王轩：《试析中美"新两极"结构及其特点》，《现代国际关系》2019年第10期，第1-12、第58页。

④ "灰色地带"是指介于战争与和平之间的状态。——作者注

第三，印太地区继续成为中美地缘博弈重点。印太地缘政治舞台的基本特点是大国关系处于亚稳定状态，地区制度安排功能不清且互相重叠。美国认为中国在印太地区影响力的扩大将直接威胁其国家安全。因此，国内两党一致同意强力介入印太地区以战略围堵中国。① 未来美国在印太地区将推进战略力量多元化，弥补资源投入和战略设计之间的鸿沟，利用威慑战略和危机管控来维持地区均势。2021年7月，美国防部长奥斯汀访问东南亚三国，就南海等问题对中国进行指责，但又表示致力于与中国建立建设性、稳定的关系，包括加强与人民解放军的危机沟通等。

第四，美国将继续强化同盟体系，来维护自身霸权。美国在全球有众多盟友和亲密伙伴，且其中大部分为发达国家。② 二战后至今，美国的西方盟友几乎皆由美国扶持壮大。美国不仅利用历史惯性维护自身在西方阵营的支配性权威，还通过结盟外交，巩固战略阵营，夯实联盟基础，构建对华威胁认知的共识。未来美国会继续采取磋商和妥协的方式，与盟友进行防务分担，强调对盟友的安全承诺，组成遏制中国的"统一战线"。

第五，美国将不断压缩中国经济增长空间，遏制中国经济崛起。美国认为其全球经济主导地位是一项不可剥夺的权力，乃至国家身份的一部分。③ 当潜在的经济力量平衡向有利于中国的方向急剧倾斜时，

---

① "The U. S.'s Strategic Competition with China," National Defense Industrial Association, June 22, 2021, https://www.ndia.org/policy/recent-posts/2021/6/22/the-uss-strategic-competition-with-china.

② Suisheng Zhao, "The US-China Rivalry in the Emerging Bipolar World: Hostility, Alignment, and Power Balance," *Journal of Contemporary China*, 2021, https://doi.org/10.1080/10670564.2021.1945733.

③ 格雷厄姆·艾利森：《注定一战：中美能避免修昔底德陷阱吗?》，陈定定、傅强译，上海人民出版社，2018，第22-23页。

美国开始担忧中国何时在经济总量上接近或超过自身。2020年,美国GDP达20.94万亿美元,中国GDP达14.72万亿美元,约占美国的70.3%。① 按照目前的增长速度推算,2030年中国GDP可能达31.73万亿美元,美国可能为22.92万亿美元,中国GDP将大幅超过美国。② 因此,美国通过政治胁迫、经济抗衡和金融压榨等针对性策略,延缓中国经济增长速度。美国不仅在市场准入、劳工标准、倾销产品及补贴企业等问题上大肆指责中国,还实施关税霸凌,诬称中国为汇率操纵国,利用领导权威施压其他国家疏远中国资本。③

第六,海外基建逐渐成为美国制衡中国的关注事项。美国对中国"一带一路"倡议充满敌意。④ 截至2021年8月,"一带一路"倡议在100多个国家拥有2600多个项目,总价值约3.7万亿美元。⑤ 即便考虑通胀因素,规模也相当于12个马歇尔计划。⑥ 美国认为,自身有义务保护"一带一路"沿线经济脆弱的国家,以避免中国占有这些国家的主权资产。⑦ 2019年11月,美国协同日本、澳大利亚启动"蓝点网络"计划,声称将以开放、包容的姿态将全球基础设施建设的标准提

---

① The World Bank, https://data.worldbank.org/.

② "The 15 countries with the highest gross domestic product (GDP) in 2030," *Statista*, https://www.statista.com/statistics/271724/forecast-for-the-countries-with-the-highest-gross-domestic-product-gdp-in-2030/.

③ 张杰:《中美战略竞争的新趋势、新格局与新型"竞合"关系》,《世界经济与政治论坛》2020年第2期,第1-20页。

④ 张文宗:《美国对华全面竞争战略及中美关系新变局》,《和平与发展》2019年第2期,第1-18、第133页。

⑤ M. Matheswaran, "US-China Strategic Competition in the Asia-Pacific," August 4, 2021, https://trendsresearch.org/insight/us-china-strategic-competition-in-the-asia-pacific/.

⑥ Enda Curran, "China's Marshall Plan," *Bloomberg*, August 7, 2016, https://www.bloomberg.com/news/articles/2016-08-07/china-s-marshall-plan.

⑦ Department of Defense, *Indo-Pacific Strategy Report: Preparedness, Partnerships, and Promoting a Networked Region*, Washington, DC: Office of the Secretary of Defense, June 2019, p. 9.

至高质量、可信赖的程度。2021年6月，英国康沃尔七国集团（G7）峰会通过"重建美好世界"（Build Back Better World，B3W）倡议。这是由美国提出的耗资巨大的全球基建计划，强调价值驱动和高标准规格等，被视为对冲中国"一带一路"倡议的方案。①

第七，双方意识形态对立继续深化。中美在政治制度、治理模式、国际规则与价值理念方面存在固有矛盾。② 近年来，美国新麦卡锡主义沉渣泛起，不断捏造、炒作不利于中国的言论，拉拢盟友拼凑所谓的"全球民主联盟"，以在涉华问题上统一立场。2021年3月公布的一项民意调查显示，90%的美国人认为中国是美国的竞争对手或敌人，50%的美国人认为美国应寻求限制中国权力。③ 另一项调查则表明，近74%的中国成年人对美国持负面看法。④

中美战略竞争具有持久性及全局性特点，是权力、制度和观念竞争效应的三者叠加，充分映射了大国互动方式。⑤ 中美结构性因素将长期存在，印太地区将成为两国地缘博弈重点。美国将继续强化同盟体系，围堵、孤立中国，并开始将海外基建作为制衡中国经济崛起的关键事项。同时，双方战略互信不足，意识形态对立也将继续深化。当前，逆全球化思潮蔓延，保护主义和民族主义盛行，世界力量平衡正在发生变化。美国和平研究所研究员安德鲁·斯科贝尔指出，中美

---

① 杨楠：《如何看美国发起的"重建美好世界"倡议》，《世界知识》2021年第14期，第34-36页。

② 节大磊：《意识形态与中美战略竞争》，《国际政治科学》2020年第2期，第84-108页。

③ James T. Areddy, "Americans' Views on China went from Bad to Worse," *Wall Street Journal*, March 4, 2021, https://www.wsj.com/articles/americans-negative-views-on-china-spike-polls-show-11614870001.

④ EliYokley, "Biden's Early Tenure Has Improved America's Image Abroad," *Morning Consult*, April 27, 2021, https://morningconsult.com/2021/04/27/biden-100-days-global-views-america/.

⑤ 杨勇萍、潘迎春：《美国对华"新冷战"的演进逻辑》，《国际观察》2021年第2期，第49-84页。

未来可能走向平行伙伴（parallel partners）、冲突竞争者（colliding competitors）或方向背离（diverging directions）。① 中美作为全球性国家，双方关系未来发展势必影响国际秩序格局和国际体系变迁。

五、结语

处理中美关系这样对全球具有重大影响力的双边关系，不存在速效解决办法。短期内，中美将存在局部紧张对立，但整体上仍将以战略僵持及试探为主。中美关系持续稳定发展的关键是释疑增信、厘清分歧、放弃零和博弈与共同发展，构建良好竞合关系。

美国处于整体实力衰落的过程中，其全球霸主地位在逐渐弱化。但是，地位弱化不代表领导地位的失去。当前，美国依然是全球最强大的国家。军事力量是美国战略信誉的关键来源。美国遵循前沿部署战略（a strategy of forward-deployment），在全球拥有近800个海外基地，控制着印太地区和欧亚大陆的心脏地带。其中，在中国周边就有近400个基地。② 2020年，美国军费开支高达7780亿美元，中国为2520亿美元，仅占美国的约三分之一。③ 另外，从全球稳定和共享利益的角度看，美国的完全衰落也未必对中国有利。④

---

① Andrew Scobell, Edmund J. Burke, Cortez A. Cooper Ⅲ, Sale Lilly, Chad J. R. Ohlandt, Eric Warner, and J. D. Williams, *China's Grand Strategy: Trend, Trajectories, and Long-Term Competition*, Santa Monica, California: RAND Corporation, RR-2798-A, 2020, pp. ⅹ-ⅺ.

② David Vine, *Base Nation: How US Military Bases Abroad Harm America and the World* (New York: Metropolitan Books, 2015), pp. 15-16.

③ See SIPRI Military Expenditure Database, https://www.sipri.org/databases/milex.

④ Michael D. Swaine, "Chinese Views of U.S. Decline," September 1, 2021, https://www.prcleader.org/swaine-2.

世界百年未有之大变局正加速演进，面对美国的威胁、围堵及孤立，中国应从战略模糊走向战略清晰，高举人类命运共同体的旗帜，努力构建相互尊重、公平正义、合作共赢的中美关系。具体做法如下。其一是保持权力动态平衡，在非敏感领域保持某种相互依存关系，阻止中美冲突升级，尽量维持"斗而不破"的状态。同时，定期进行中美元首互访，保持外交接触，加强民间沟通，避免两国滑入恶性竞争。其二是实施外交突围，通过富邻、睦邻、安邻政策稳定周边，打造伙伴关系网络。其三是通过自上而下的顶层设计与自下而上的需求驱动，平衡战略目标和手段，渐进地调整对美策略，塑造双方认可的战略博弈规则。[①] 其四是促进包容性经济增长，打破美国的全球产业链布局，扶持和保护自主发展的关键产业。同时，中国还应加强自主创新，防止在高新技术领域被"卡脖子"，逐步从应用技术大国转向技术原创大国。其五是正本清源，构建好中国叙事体系，在国际社会塑造良好中国形象，超越意识形态障碍。

战略竞争并不必然发展成为战略敌对。中美双边矛盾的主动方在美国，中国更多地采取被动应对政策。但美国不会在任何领域和中国全面"脱钩"，而会选择定向精准"脱钩"，在关键事项上采取对抗姿态，而在某些领域展现出合作姿态。中美在应对新冠肺炎疫情、气候变化、核扩散、恐怖主义和非法移民等方面，也存在较大的合作空间。中美关系的未来发展趋势，很大程度上取决于两国在综合认知基础上的战略互动，即双方能否尊重彼此的底线和红线，进行有效磋商和危机管控，防止战略误判和武装冲突。这同时也考验着双方领导层

---

① 徐进：《中美战略竞争与未来国际秩序的转换》，《世界经济与政治》2019年第12期，第21-37、第155-156页。

的政治智慧和战略定力。中美合则两利、斗则俱伤,两国应在权势均衡与制度合作的发展中,寻求最大利益共识,准确感知对方战略意图,保持谨慎克制的行为,以构建更加公正合理的国际秩序。

区域与国别

美国在东南亚的领导力困境探析
（1991—2021）[*]

翟崑　原瑞辰[**]

摘　要　冷战结束以后，美国在东南亚的领导力呈现波动式下降的趋势。美国在东南亚的领导力在克林顿总统时期曾达到较高点，小布什总统时期下降较快，奥巴马总统时期反弹回升，到特朗普总统时期出现大的滑坡，拜登政府希望美国再次恢复在本地区的领导力，但目前其政策效果还不明显，美国面临意愿强烈但力所不逮的困境。在这种情况下，探析美国在东南亚的领导力呈波动式下降的表现及其原因具有较大的现实意义。造成这种结果的主要原因应当是21世纪以来，本地区环境的快速变化导致"领导力供求关系"变化，而美国领导力模式由于其自身的局限性，调整不到位，没有照顾到更大的地区诉求，因而在东南亚地区，美国的领导力呈现波动式下滑的趋势。

---

[*]　本文是2020年国家社科重大项目"印太战略下'东盟中心地位'重构与中国—东盟共建'海上丝绸之路'研究"（项目编号20&ZD145）的阶段性成果。

[**]　翟崑，北京大学国际关系学院教授，北京大学区域与国别研究院副院长；原瑞辰，大连海事大学硕士研究生。

关键词 美国;东南亚;地区领导力;困境;领导力供求关系

美国拜登总统上台以来在东南亚的一系列战略行为表明,美国试图恢复和加强在本地区的领导地位。二战后很长时期,美国在东南亚地区的领导地位是毋庸置疑的,并且在冷战结束后达到顶峰。进入21世纪以来,美国霸权的衰退在东南亚地区也有显现,领导力呈现波动式下滑的趋势。一方面,美国意识到问题所在,不断调整战略并优化策略,试图阻止其领导力下滑的趋势,产生了一定的回升反弹的效果;另一方面,美国的努力又遭遇各种挑战,也给本地区秩序构建带来负面影响。这一趋势与东盟自主性增强,中国在本地区影响力上升,以及其他地区大国进一步卷入地区事务同时发生。

一、美国在东南亚领导力的下滑

冷战结束后,美国在东南亚地区的领导力达到顶峰,但在之后的30年内,这种领导力整体呈现波动式下滑的趋势。

第一次波动是克林顿总统时期(1993—2001),美国在东南亚的领导力达到鼎盛但到后期有所下降。克林顿政府利用冷战结束的和平红利推进全球化和多边主义,把贸易投资作为东南亚政策的核心之一,该战略符合东南亚国家发展经济的战略需求。克林顿在任内三次出访东南亚,涉及菲律宾、印尼、泰国、文莱和越南五国,并出席亚太经合组织(APEC)领导人非正式会议。2000年11月,克林顿出访河内,是越战结束后美国总统首次访问越南。两任国务卿克里斯托弗和奥尔布赖特共出访东南亚11次，遍及8个东南亚国家。① 克林顿总统任内，美国对东盟出口额增长62%，进口额增长95%，直接投资额增长41%。② 克林顿政府重视开拓东南亚市场，即新加入东盟的越南、缅甸和柬埔寨三国。美国支持越南，于1998年宣布取消《杰克逊—瓦尼克修正案》（*Jackson-Vanik Amendment*）对美越贸易的限制。③ 截至克林顿离任，东盟已成长为美国第五大贸易伙伴，美国在本地区的领导力迅速上升。

但是，有两个问题制约了克林顿政府在东南亚领导力的继续上升。一个是美国在本地区推行的民主战略遭到不少东南亚国家的反对。比如，时任马来西亚首相马哈蒂尔对美国在民主人权问题上的指手画脚很不满。另一个是1997年爆发的东南亚金融危机，美国没有及时提供救助措施。美国不负责的做法反而促使东盟国家自身推动东亚区域经济合作和经济一体化，削弱了美国在该地区的领导力。

第二次波动是小布什总统时期（2001—2009）。"9·11"事件后，小布什政府改变国家安全战略，建立全球反恐战线，并将东南亚作为全球第二反恐战线。起初，东南亚国家配合美国的全球反恐战略，但好景不长，美国在本地区的领导力迅速下滑。主要表现如下。第一，东盟国家在历经金融危机之后，更希望在美国的带动下发展地区经济。虽然东南亚地区也爆发了多起恐怖袭击事件，但反恐并非东南亚国家的首要问题。同时，东南亚国家也担心美国借助反恐干涉本国内政。小布什政府力图把亚太经合组织作为反恐工具，东盟国家对此并

---

① 作者根据美国国务院公共事务管理司历史学家办公室的公开资料整理计算得出，下同。
② 白雪峰：《冷战后美国东南亚政策的调适》《厦门大学学报（哲学社会科学版）》2011年第4期，第86-93页。
③ 数据来自世界银行数据库。

不感兴趣。第二，2008年从美国开始的全球金融危机，对出口导向的东南亚经济产生严重影响。2009年东盟整体GDP增速从上年的15.85%骤降至0.05%，除缅甸外各国增长率均下降，文莱和马来西亚两国国内生产总值甚至出现收缩。① 第三，小布什虽然任内三次出访东南亚，但是，国务卿赖斯却于2005年和2007年两次缺席该论坛，马来西亚等国外长认为此举显然表明美国不重视东盟地区。总之，小布什的全球反恐战略虽然在初期显示并加强了美国在东南亚的领导力，但由于后续一系列的失误和东亚合作的兴起，其领导力迅速下滑。

第三次波动是在奥巴马总统时期（2009—2017），美国在东南亚的领导力呈现高开低走的态势。美国在东南亚的领导力在小布什时期下跌后，奥巴马政府加大了对东南亚的关注和投入。美国的重返亚洲、亚太再平衡战略使其在本地区的领导力迅速反弹，"巧实力"策略奏效。主要表现如下。第一，奥巴马任内九次出访东南亚，出席东亚峰会（EAS）和东盟美国峰会各四次。国务卿希拉里更是十次访问该地区，足迹遍布东盟十国。第二，在地区秩序的良性发展方面，美国重申对本地区的安全承诺，打破在南海的中立传统，积极介入南海问题。这对与中国有南海领土争端的东南亚国家来说是支持，利用东盟国家对中国的安全疑虑凸显自身在东南亚的存在。第三，奥巴马政府积极加大对东盟经贸合作投入，帮助东南亚地区摆脱金融危机。在双边层面上，除老挝和缅甸外，美国与东盟各国签署了《贸易与投资框架协定》（TIFA）。2012年11月，美国与东盟十国共同启动"美

---

① 作者根据世界银行数据计算得出。

国—东盟扩大经济接触（E3）"倡议，旨在促进贸易投资自由化便利化。奥巴马任内，美国与东南亚国家间的货物贸易额增长55%，直接投资额几乎翻番。[①] 第四，奥巴马政府决定加入东盟主导的东亚峰会，并向东盟派驻大使和使团，承认东盟在东亚合作中的中心地位。这一系列行为迎合了东盟主导的地区架构，得到东盟的赞赏，堪称奥巴马时期最成功的地区政策之一，有效恢复了美国在东南亚的领导力，平衡了中国在本地区的影响力。

但到奥巴马政府后期，美国在东南亚的领导力遭受冲击。主要表现在两方面。一是美国于2010年推进《跨太平洋伙伴关系协定》（TPP），只挑选个别东南亚国家而非东盟整体参与谈判，在一定程度上冲击了东盟整体性与东亚合作。为此，东盟于2011年提出并主导推动《区域全面经济伙伴关系协定》（RCEP）谈判，旨在维护自身在东亚合作中的中心地位。二是中国在2013年提出"一带一路"倡议，在东南亚地区重点推进"21世纪海上丝绸之路"建设，与东盟共建中国东盟命运共同体。这增强了中国在本地区的经济影响力。三是在安全方面，美国介入南海问题，尽管得到个别国家的欢迎，但也使得南海问题复杂化，对东盟的整体性带来冲击，许多成员对此并不赞成。总的来看，相比于小布什政府时期，奥巴马政府在东南亚的领导力得到恢复和提升，但其领导力也出现后劲不足的问题。

第四次波动是在特朗普总统时期（2017—2021）和拜登政府时期（2021年至今），美国在本地区的领导力再次下滑。特朗普任上四年和第二次竞选总统，使得美国在东南亚的领导力大幅度下降。特朗普

[①] 任远喆：《美国东盟关系的"三级跳"与东南亚地区秩序》《南洋问题研究》2017年第1期，第17-28页。

"美国优先"理念进一步收缩美国的全球战略。美国退出《跨太平洋伙伴关系协定》谈判；采取遏制中国的印太战略；特朗普本人不出席东亚峰会，国务卿也不参加东盟地区论坛外长会议，这些行为导致美国在东盟国家的中心地位迅速下降。新冠肺炎疫情暴发后，特朗普政府坚持"美国优先"政策，使得美国的全球领导力丧失，美国在东南亚的影响力也同步下降。

拜登执政期能否像奥巴马一样，把美国在东南亚的领导力从谷底拉上来？目前看来，拜登对东南亚非常重视。在其上任的前八个月，拜登总统就派出了副国务卿、国防部长、国务卿和副总统密集访问东南亚国家。拜登本人于2021年10月27日在线出席了东亚峰会。负责东亚事务的助理国务卿克里滕布林克于2021年12月初访问东南亚，并特别照顾到此前几轮访问中遭"冷落"的印尼。加之东南亚国家对美国民主党总统有些好感，上述动作有助于维护和提升美国在东南亚的领导力。

拜登继承了特朗普时期的"印太战略"，包括加强美日印澳"四边机制"（QUAD），建立美英澳军事同盟"奥库斯"（AUKUS）等。对此，东盟成员看法并不一致。印尼与马来西亚担忧"奥库斯"或引发地区军备竞赛，菲律宾和新加坡却对该协议表示支持。尽管拜登政府更加重视东南亚，但东南亚国家对于拜登加强"印太战略"和推出"印太经济框架"并不支持，担心损害东盟的中心地位。此外，拜登仅邀请东帝汶和东盟的印尼、马来西亚、菲律宾四国参加"民主峰会"，也会使得东盟其他国家担心分裂东盟。① 因此，现在还很难判断拜登任内美国在东南亚的领导力是否得到有效提升。总之，冷战结束后美国在本地区的领导力发展态势呈现整体发展曲线波动式下滑的态势，拜登要想扭转这种大趋势难度很大。

二、美国在东南亚领导力的困境

美国在东南亚的领导力下降的一个重要原因是美国的战略利益与东南亚国家的利益诉求发生矛盾。东南亚国家更希望在本地区建立包容性秩序，不愿由单一大国主导本地区。根据东盟的意愿，大国均可在本地区发展影响力，东盟可居中实行大国平衡。这对东盟来说是一种理想的地区秩序。美国在本地区的秩序构建是事实上的排他性过程，这并非东南亚地区所期望的。

冷战结束初期，美国推进全球化，加强地区合作，欢迎中国进入全球体系。在美国力量独大的情况下，美国不认为中国能对自己的领导力形成挑战，这种较为均衡的局面随着各方力量的发展出现变化。中国在东南亚地区影响力提升，使得美国认为在本地区将产生主导权竞争。因此美国越发倾向于建立排他性地区秩序，搞零和博弈。这从小布什时期就显现端倪，只不过小布什忙于反恐战争而"善意忽视"了中国在本地区影响力的上升。之后，无论是奥巴马的亚太战略再平衡，还是特朗普和拜登的印太战略，都是典型的排他性战略，而且程

---

① Shannon Tiezzi, "Which Asia-Pacific Countries Were (and Weren't) Invited to the US Summit for Democracy?" *The Diplomat*, last accessed on December 12, 2021, https://thediplomat.com/2021/12/which-asia-pacific-countries-were-and-werent-invited-to-the-us-summit-for-democracy/.

度渐强。中国在东南亚地区一直坚持包容共赢的战略观念。在中美战略博弈中,中国始终强调共赢,而美国则以零和为原则。在 2021 年 11 月 16 日举行的中美领导人视频会晤中,习近平主席强调,以建设性方式管控分歧和敏感问题,防止中美关系脱轨失控。

在与中国的战略博弈中,特朗普和拜登均明确要求东盟国家选边站。2017 年 11 月,特朗普在越南出席亚太经合组织非正式领导人会议时提出了"自由与开放的印太战略"(FOIPS),称要"在地区权力转移和'修正主义大国'的威胁下,加强美国领导的以规则为基础的国际秩序"。① 在东南亚国家的反对下,2021 年 8 月,副总统哈里斯在新加坡发表演讲,又称"不希望任何国家在中美之间'选边站'",但随即提到"南海仲裁案"等区域争议,并点名中国在对东南亚地区"造成威胁"。中国尊重东盟国家的选择,王毅呼吁美方放弃零和博弈思维,中美双方进行合作。② 王毅于 2021 年 11 月 20 日在全球智库大会发表题为《以团结反对分裂,以合作共促发展》的致辞,强调"不是动辄搞脱钩断链的恶性竞争,更不能强迫第三方在竞争中选边站队"。③ 中国共赢战略观给东南亚地区营造了良性选择的空间。东盟推动建立的包容性的地区秩序,与美国排他性的战略目标是冲突的。美国要求东盟国家选边站的做法并不成功。2020 年疫情期间,美国国务卿蓬佩奥等访问东南亚国家,试图挑拨越南、菲律宾等国家在南海问

---

① Ford L., "The Trump Administration and the 'Free and Open Indo-Pacific'," Brookings Institution, May, 2020.
② 王毅:《美国应客观理性看待中国发展,寻求和平共存、合作共赢》,中国驻美大使馆,https://www.mfa.gov.cn/ce/ceus//chn/zmgx/t1906997.htm,访问日期:2021 年 12 月 3 日。
③ 王毅:《以团结反对分裂,以合作共促发展》,中国外交部网站,https://www.fmprc.gov.cn/wjbzhd/202111/t20211120_10450852.shtml,访问日期:2021 年 12 月 3 日。

题上"挑战"中国,但并未得到这些国家的正面回应。2021年上半年,拜登先后派多名高官访问东南亚,劝说东盟国家支持美国,但是,越南和新加坡领导人明确反对选边站。新加坡总理李显龙在国际场合反复强调新加坡不会选边站。美国助理国务卿康达2021年底出访东南亚时表示,美国不再要求盟友在中美之间选边站,强调区域合作伙伴有选择权。

冷战结束后的30年,东南亚地区的领导力结构发生了变化。美国在该地区继续坚持霸权思维模式和政策,自己陷入了领导力困境。基辛格提出,当今世界没有任何国家拥有支配整个世界的潜力。当前世界最重要的变化之一,是发展中国家的总体实力大幅上升,现行国际治理体系正在发生变革。重大趋势是发达国家特别是美国主导世界的格局和秩序将会改变,尽管这并非意味着后来者会(能)推倒重来。[①]在东南亚地区,虽然美国仍具很大的影响力,但已经不具备支配力。近年来,美国与东南亚地区军事盟国的关系也不尽如人意。比如菲美关系在杜特尔特总统时期出现倒退。在2021年7月杜特尔特会见美国防部长时,双方才宣布恢复此前终止的《访问部队协议》。泰美关系则因泰国国内政局变化而变得冷淡,拜登倡议召开的全球民主峰会也没有邀请泰国。

著名学者王赓武先生认为,东盟在冷战期间具有脆弱性,受美国影响较大,是"一代东盟"。但进入21世纪以来,东盟自主性增强,主导东亚合作并保持自身在东亚合作中的中心地位,是"二代东盟"。东盟创造了以"东盟+"结构为特点的地区合作机制,强调自身中心

---

① 张蕴岭:《新时代的中美共处之道》,《世界知识》2020年第22期,第72页。

性地位和包容性地区秩序的构建。该机制将中美纳入了地区安全架构，中美在此框架内与东盟进行制度化合作，可在一定程度上缓解中美在东南亚地区的战略竞争。中美等国均尊重并支持东盟在地区架构中的中心地位，意味着大国将合作的主导权让渡给东盟，共享地区主导权。这是地区秩序的进化，也是对美国主导权的一种消解。在新加坡学者马凯硕看来，东盟在不被看好的情况下诞生，如今成为世界上第二成功的区域性组织，在充满地缘政治冲突的地方实现了和平与繁荣。东盟能够构建和平生态，除了政治强人、地缘政治的运气和自由开放的经济体系等因素，其中心性地位是重要原因，即东盟在东亚地区提供了唯一一个大国接触的中立平台。①

由美国挑起的针对中国的战略博弈在烈度较轻时，有利于东盟利用中美矛盾，实施大国平衡战略以巩固东盟中心地位。但当中美战略竞争博弈达到要求东盟选边站的临界点时，则将对东盟中心地位产生负面冲击。中美战略竞争导致东南亚地区秩序的包容性下降。东盟为了自身的利益，尽力进行制度创新，维护中心地位。比如，积极推进《区域全面经济伙伴关系协定》的谈判，借此掌握地区经济合作的主导权，规避《跨太平洋伙伴关系协定》或《全面与进步跨太平洋伙伴关系协定》的冲击。经过8年谈判，《区域全面经济伙伴关系协定》于2020年底达成协定，将于2022年1月1日正式生效。针对美国的印太战略，东盟提出自己的印太展望，明确提出在印太战略中维护东盟中心地位，强调包容性的地区合作。

美国在东南亚地区的领导力模式，从联结型战略转为断裂型战

---

① 马凯硕、孙合记：《东盟奇迹：一个充满活力且真实存在的现代奇迹》，北京大学出版社，2017。

略。东盟期待的是一种相互联结相互依存的领导力模式，与美国走向断裂的领导力模式是矛盾的，也就导致美国领导力的下降。从经济关系看，1991年，美国是新加坡、泰国、菲律宾、马来西亚等国家的最大出口贸易伙伴，进入21世纪，尤其是在历经2001年"9·11"恐怖袭击，2008年全球金融危机，以及特朗普时期的"脱钩、断链、退群"，美国的重要性逐步下降。如今，中国与东盟互为最大贸易伙伴。

自1967年成立以来，东盟的性质几经蜕变，演变为一个联结型的地区组织和全球互联互通型组织。其联结性表现为内部联结和外部联结。内部联结是打破意识形态等的束缚，将东南亚10国均纳入东盟框架。外部联结是将所有大国纳入"东盟+"结构。20世纪末东亚合作的兴起历史性地加强了东盟和中日韩（10+3）及东亚峰会（10+6，包括东盟、中日韩和澳新印）之间的制度性联结，直至《区域全面经济伙伴关系协定》的签署生效。东盟和中国作为地区联结者的作用日益凸显，对地区共同发展的贡献度不断上升，推动多样、多层次的地区合作发展，加强地区和全球联结性。近年来，欧洲国家纷纷加强与东盟合作，七国集团与东盟展开对话合作，使得东盟的战略地位空前提高。相对而言，美国在本地区的联结性在降低，因为美国要建立的割裂性的地区秩序与东盟要建立的联结性的全球互联互通秩序是矛盾的。

美国领导力模式在东南亚地区的信用和号召力下降。后疫情时代，东南亚国家需要新的发展模式和新的航道，而美国的发展模式、全球战略、公共产品供给等都仍停留在旧思维和举措之上。马凯硕认为，数十年来，美国在很多方面都是民主的"黄金标准"，"但最近几年，美国作为一个民主国家，显然并没有运作良好，而是以权贵政治（plutocracy）运作"。① 在应对疫情上，不同国家存在显著差异，随着病毒不断出现更强变种，美国的"与病毒共存策略"的吸引力明显下降。

东南亚是全球化的最大受益者之一。自1997年亚洲金融危机发生以来，该地区经济体在秉持稳健灵活货币政策的同时，着力深化贸易自由化、经济一体化与多边合作。2019年，东盟成功跃升为全球第五大经济体。然而，特朗普推行的单边主义、贸易保护和经济霸权与东南亚核心发展理念迎面相撞，东南亚国家对美国阻挠世贸组织发挥作用，滥用制裁和脱钩政策表示担心。拜登很大程度上继承了特朗普保护主义的路线。其在经贸问题上动作迟缓，纠偏力度明显不足。2021年10月27日，拜登在东亚峰会上提出"印太经济框架"概念，表示希望与友好国家开展贸易便利、数字经济、尖端技术标准制定、供应链、脱碳等多领域合作。东盟国家对美国的所谓"印太经济框架"保持警惕，担忧分裂东盟和破坏一体化的东亚合作。

在复杂多变，特别是美国推行分裂性政策的情况下，东盟与中国的合作具有重要的意义。中国经济的规模继续增大，在疫情严重的情况下，仍然保持较高的增长，双边的贸易投资继续增长。同时，中国继续坚持开放，深化"一带一路"建设，支持多边机制，支持包容性东亚合作，特别是支持东盟中心地位，把与东盟的关系放在周边国家关系的首位的做法，不仅与东盟的发展理念、战略定位相符，而且有利于东盟的发展与团结，有利于东盟在地区事务中发挥积极的作用。

---

① 《马凯硕吁中美对政治制度互相包容》，联合早报网，https://www.zaobao.com/news/china/story20211203-1219428，访问日期：2021年12月3日。

守望相助，志同道合，使得东盟更为重视与中国的关系。双方在各个领域的合作都有巨大的发展空间，在疫情防控和后疫情治理，在深化"一带一路"建设、提升科技合作水平、加强产业链供应链、推动基础设施网络建设、发展数字经济等方面都会取得更大的成效。东盟与中国的合作不是针对美国，也不排斥美国，美国若要提升在东南亚的影响力和领导力，除了采取包容、合作、共赢的战略，没有更好的选择。

新冠肺炎疫情下的东南亚跨境人口流动：现状、治理与启示

梁　劲*

摘　要　东南亚地区内部经济合作密切，人口流动频繁。新冠肺炎疫情的暴发给东南亚各国跨境流动人口的治理带来严峻的挑战，主要表现为地区劳工移民在疫情中面临着失业、缺乏医疗保障、回乡困难等多种困境。同时，非法跨境劳工带来的社会问题也更为突出。未来，东南亚地区应从国家、东盟以及包括中国—东盟在内的"10+n"合作这三个层面，加强关于跨境人口问题的区域合作治理，维护本地区的经济发展与地区稳定。

关键词　跨境人口；新冠肺炎疫情；东盟；区域合作治理

新冠肺炎疫情是目前全球最大的公共卫生危机事件。世界卫生组织的数据显示，截至2021年10月21日，全球新冠肺炎累计确诊病例已经超过2.4亿例，累计死亡病例接近500万例。[①] 新冠肺炎疫情传播

---

* 梁劲，中国社会科学院大学亚洲太平洋研究系2019级硕士研究生。
① WHO, "WHO Coronavirus (COVID-19) Dashboard," October 21, 2021, https://covid19.who.int/.

速度之快，蔓延范围之广，对全球的经济、政治、安全产生了极大影响。相对而言，东南亚地区的疫情防控是较为成功的，这很大程度上是由于多数东南亚国家极为迅速有效地采取了限制境内外人口流动等措施阻断疫情传播的风险。但同时，这也影响到了区域内外跨境人口的流动和迁徙，尤其是对合法、非法的移民劳工的生活、医疗保障等带来了困难。未来，化危机为机遇，加强对跨境人口管理的机制建设与地区合作，是维护东南亚地区稳定的重要议题，也是加强中国与东南亚国家合作治理非传统安全的迫切之需，毕竟东南亚地区是大量中国海外公民与企业的所在之地。因此，本文旨在分析新冠肺炎疫情暴发后东南亚跨境人口面临的主要生存困境与东南亚国家在跨境人口治理方面存在的主要问题，从而有针对性地就如何加强后疫情时代中国与东南亚的跨境人口治理合作提出政策建议。

一、东南亚跨境人口的形成与现有治理机制

跨境人口流动是指一定数量的人类社会群体，在一定的空间范围内所发生的运动现象，并至少跨越了两个国家或地区。东南亚国家山水相连，陆路水陆相通，且各国之间的经济、政治互动频繁，是世界上人口流动最活跃的区域之一。随着东盟区域内经济一体化的进程加速，东南亚跨境人口数量逐年递增，涉及的领域不断扩大，特别是新兴工业国家如新加坡、马来西亚和泰国实行出口导向的发展战略，引发了地区内部移民的加速发展。[①] 东南亚跨境人口治理逐渐复杂化、

---

① 陈松涛：《东盟一体化背景下的内部移民问题》，《学术探索》2015年第9期，第29页。

深度化。

(一) 东南亚跨境人口概况

东南亚跨境人口流动形式众多，种类多样，大致可分为：劳务类跨境人口，以移民劳工为主，是东南亚跨境人口的主要组成成分；旅游类跨境人口，主要是以观光为主在东南亚短暂停留的人群；非法跨境人口，包括非法劳工和难民群体。跨境人口在增加母国和东道国交流、推动母国和东道国的经济社会发展、促进全球经济一体化方面起到了重要的作用。但是，在新冠肺炎疫情中，跨境人口管理成为各国防控疫情的难点，在部分东南亚国家的移民劳工聚居区甚至成为"重灾区"。其部分原因是东南亚国家间经济联系密切，各类流动人员数量庞大，跨境人口管理较为复杂和困难，但同时也与各国管理制度的滞后与不足有关。各种因素交织，加大了疫情对国家社会稳定与地区安全的冲击。关于东盟跨境人口概况，见表1。

表1 东盟跨境人口统计

单位：万人

国家	移民劳工数量	2019年入境游客数量
文莱	20.6	460
柬埔寨	7.6	661
印度尼西亚	29.5	1611
老挝	2.2	479
马来西亚	246.9	2610
缅甸	10.3	436
菲律宾	21.3	超过800
新加坡	232.3	1910

续表

国家	移民劳工数量	2019年入境游客数量
泰国	372.2	3980
越南	6.8	超过1800
合计	约949.7	约14747

资料来源：国际劳工组织，http://apmigration.ilo.org/resources/international-migration-in-asean-at-a-glance；中国—东盟中心，www.asean-china-center.org/resources/file/200730%C2%A02019年东盟旅游业简况.pdf。

（二）东南亚跨境人口形成动因

由于东南亚各国处于不同的经济发展阶段，各国对劳动力的需求存在明显差异，从而推动了东南亚区域内部的跨境人口频繁流动。同时，地理位置的邻近性，水陆交通便利，国家间漫长的边境线以及相邻国家边境管理的漏洞则助长了人口的流动趋势。

地理邻近是促成东南亚人口流动的重要因素。东南亚国家之间山水相连，水陆交错，陆地邻国之间有着漫长的国界线和共享的水道，有利于边境地区的人口流动。在各国陆地边境地区还形成了泰老缅、越老柬、泰老柬等多个"三角地带"，三角地带通常是多民族跨国而居，边民之间流动频繁。与此相对的是，有关各国边境管控能力参差不齐，总体上较为薄弱，且复杂的地势和广袤的热带雨林对跨国人口流动管理造成了相当大的困难，极大地便利了人口的非法跨境流动。

东南亚跨境人口流动主要由经济驱使，发达经济体是流动的主要目的地，这集中体现在外籍劳工人口流动上。从20世纪80年代开始，随着东南亚新兴国家快速发展，需要大量劳动力输入，推动劳工移民成为东南亚地区人口流动的主导。在东南亚，移民劳工人口的主要输入国是新加坡、文莱；菲律宾、印度尼西亚、老挝、柬埔寨和缅甸则是输出国；马来西亚、泰国既是输出国也是输入国。① 在经济收入的驱动下，东南亚劳工流动大致形成了两条移民走廊。② 一是湄公河流域走廊，泰国是首要的接收国。作为东盟接收移民最多的国家，泰国的移民劳工主要来自缅甸、老挝和柬埔寨。为了加强对外籍劳工的管理，泰国通过对外籍劳工进行登记的方式将外籍劳工纳入劳动体系，自 2014 年开始，泰国劳工部在 76 个府开设了 80 个一站式服务（OSS）中心，以方便来自柬埔寨，老挝和缅甸三个邻国的劳工登记。一站式服务中心将为注册外籍劳工发放签证和工作许可证，他们还将接受健康检查，领取健康证明及签订医疗保险。这意味着有 200 多万外籍劳工将通过合法程序纳入泰国劳动体系。此外，泰国与柬埔寨、老挝、缅甸和越南签订了劳工合作的谅解备忘录以加强劳工保护方面的合作。③ 同时，泰国还为无证件的非法移民提供了国籍核查（NV）登记制度，从而使其身份合法化。据统计，自 2017 年以来，缅甸、老挝和柬埔寨三国每年输出至泰国的移民超过 300 万人。④ 二是马来次区域走廊，新加坡、文莱和马来西亚三个主要发达经济体接收来自印尼和菲律宾的劳工移民。其中，新加坡外籍劳工人数占据了全国人口

---

① 陈松涛：《东盟一体化背景下的内部移民问题》，《学术探索》2015 年第 9 期，第 29 页。

② 吴琳：《东南亚移民危机与移民治理：从"安全化"到"区域化"》，《东南亚研究》2017 年第 5 期，第 8-9 页；Mauro Testaverde, Harry Moroz, Claire H. Hollweg and Achim Schmill, *Migrating to Opportunity: Overcoming Barriers to Labor Mobility in Southeast Asia*, Washington, DC, World Bank Publications, 2017, p. 45。

③ 《泰国政府采取措施保障外籍劳工权益》，人民网，2018 年 3 月 22 日，http://world.people.com.cn/n1/2018/0322/c1002-29882519.html。

④ Benjamin Harkins, *Thailand Migration Report 2019*, p. 17, https://reliefweb.int/sites/reliefweb.int/files/resources/Thailand%20Report%202019_22012019_LowRes.pdf.

总数的43.1%,① 马来西亚拥有印尼劳工近70万人，拥有菲律宾劳工超过5万人。②

（三）东盟初步建立起有关移民劳工问题的治理机制

东南亚对于跨境人口问题的治理，主要集中于移民劳工类型。为此，东盟建立了各种管理机制。2007年1月，第12届东盟峰会通过了《东盟保护和促进劳工移民权利宣言》（ASEAN Declaration on the Protection and Promotion of the Rights of Migrant Workers）。宣言规定了东盟接收国和输入国的义务，要求各国加强保护移民劳工的基本权利，提高移民劳工的生活质量，从而实现建立一个安全和繁荣的东盟共同体的共同愿景。③ 为了更好地履行《东盟保护和促进劳工移民权利宣言》，2007年7月，第40届东盟部长级会议上通过的声明中决定建立"《东盟保护和促进劳工移民权利宣言》执行委员会"（ASEAN Committee on the Implementation of the ASEAN Declaration on the Protection and Promotion of the Rights of Migrant Workers，ACMW）。④ 2008年9月在新加坡举行的东盟保护和促进劳工移民权利宣言委员会第一次会议标志着该委员会的正式成立。此后，这一机制开展了一系

---

① UNDESA, "International Migration 2020 Highlights," 2020, https://www.un.org/development/desa/pd/sites/www.un.org.development.desa.pd/files/undesa_pd_2020_international_migration_highlights.pdf.

② ILO, "TRIANGLE in ASEAN Quarterly Briefing Note," 2020, https://www.ilo.org/wcmsp5/groups/public/---asia/---ro-bangkok/documents/genericdocument/wcms_614381.pdf.

③ "ASEAN Declaration on the Protection and Promotion of the Rights of Migrant Workers," May 10, 2012, Manila, Philippines, https://asean.org/?static_post=asean-declaration-on-the-protection-and-promotion-of-the-rights-of-migrant-workers.

④ "ASEAN Declaration on the Protection and Promotion of the Rights of Migrant Workers(ACMW) Work Plan," September, 2008, https://asean.org/wp-content/uploads/images/archive/23062.pdf.

列项目和活动，在东盟移民劳工治理方面发挥了重要作用。2017 年，第 31 届东盟领导人会议在此基础上通过了关于保护和促进移民劳工权利的共识文件（ASEAN Consensus on the Protection and Promotion of the Rights of Migrant Workers），进一步肯定了东盟成员在保护和促进移民劳工方面取得的成就，并对接收国和输入国应尽的责任和义务进行了更为明确的规定。①

尽管东盟在移民劳工问题上做出了很大的努力，但缺乏对劳工保护的具体实施程序以及法律约束力，东盟在劳工保护方面仍是单边国家政策而非地区或多边约束在占主导。② 在此次疫情暴发初期，东盟劳工治理机制的应对显示这一机制还有进一步完善和发展的空间。2020 年 5 月 14 日，东盟才就应对新冠肺炎疫情对劳动者和就业机会产生的影响召开劳务部长会议，并发布了《东盟劳工部长关于应对新冠肺炎疫情对劳动者和就业机会产生影响的联合声明》，表示将进行合作，为所有劳动者，特别是低收入、从事非正规行业或高风险行业的劳动者及时提供生计和健康保障；并为东盟区内的移民劳工提供适当的援助。③

---

① "ASEAN Consensus on the Protection and Promotion of the Rights of Migrant Workers," November 14, 2017, Manila, Philippines, https://cil.nus.edu.sg/wp-content/uploads/formidable/14/2017-ASEAN-Consensus-on-the-Protection-and-Promotion-of-the-Rights-of-Migrant-Workers-2.pdf.

② Pradip Bhatnagar and Chris Manning, "Regional Arrangements for mode 4 in the services Trade: Lessons from the ASENA Experiences," *World Trade Review* 4, no. 2 (2005): 171–199.

③ "Joint Statement of ASEAN Labour Ministers on Response to The Impact of Coronavirus Disease 2019 (COVID-19) on Labour and Employment," May 14, 2020, https://asean.org/storage/2012/05/ALM-Joint-Statement-on-Response-to-the-Impact-of-COVID-19-on-Labour-and-Employment-ADOPTED-14-May-2020-final.pdf.

二、新冠肺炎疫情下东南亚各国对跨境人口的管理与面临的主要挑战

东南亚是对新冠肺炎疫情反应最快的地区之一。2020年1月末，东南亚出现确诊病例后，各国政府迅速采取限制措施，通过限制跨境人员流动阻遏疫情扩散。这些措施在取得防疫控疫效果的同时，导致各国跨境人口面临很大的生存困境，包括缺乏医疗保障、失业以及无法返回母国等，进而导致一些东南亚国家出现疫情反复。

（一）疫情暴发后东南亚各国分阶段加强对跨境人口的管理

东南亚国家早期的防疫工作主要是针对跨境人群，大致分为加强出入境管理和大规模社区隔离两个阶段。在疫情暴发早期，输入型病例是主要传染源。在2020年1月疫情暴发初期，东南亚国家主要以防控疫情输入为主，各国着手加强对国际机场、境内外国游客的核酸检测，防止疫情大规模蔓延。例如，新加坡首先对外国的旅客实施体温监测，泰国公共卫生部在素万那普机场、廊曼机场、普吉机场和清迈机场增加了体温检测设备，启动了公立和私立医院的强化监测机制。至1月底，多数东南亚国家都针对疫情加强了出入境管控，并给予滞留当地的中国游客以外交便利和医疗救助。

阻断跨国传播进程，特别是减少国际航班班次甚至关闭国际机场

和关闭边界在延缓病毒传播的早期阶段发挥了重要的作用。① 然而，研究表明，只有对超过90%的出入境加以限制才能减少部分流行病传播。但如果仅仅采取旅游限制措施，最终只可能导致疫情高峰的到来推迟几周或几个月，对于病例总数的影响甚至可以忽略不计。② 实际上，出入境管控并没有防止疫情在东南亚国家内部的蔓延。

至4月中旬，疫情先后在东南亚全面暴发，各国确诊病例快速增长。此后，东南亚国家继续保持出入境限制，同时开始采取大规模的行动遏制疫情在国内社区传播。从2020年3月末起，东南亚国家先后在国内开始采取严格的社交限制措施，防止疫情的扩散（见表2）。据统计，东南亚各国在出现50个确诊病例后宣布进入紧急状态或实施封锁的平均时间是17天，③ 相对于世界其他国家反应较为迅速。但大规模社区隔离政策对社会造成了相当大的影响，其中大量的跨境人口被限制在所在区域内隔离，他们既无法工作又不能回国，其生存陷入困境。

---

① Kelley Lee, Catherine Z Worsnop, Karen A Grépin and Adam Kamradt-Scott, "Global Coordination on Cross-border Travel and Trade Measures Crucial to COVID-19 Response," *The Lancet*, May 23, 2020, p. 1594, https://www.thelancet.com/journals/lancet/article/PIIS0140-6736(20)31032-1/fulltext.

② Matteo Chinazzi, Jessica T. Davis, Marco Ajelli, et al, "The effect of travel restrictions on the spread of the 2019 novel coronavirus (COVID-19) outbreak," *Science* 368, no. 6489 (April 24, 2020): 399 – 400, https://science.sciencemag.org/content/368/6489/395; Ana LP Mateus, Harmony E Otete, Charles R Beck, et al, "Effectiveness of travel restrictions in the rapid containment of human influenza: A systematic review," *Bulletin of the World Health Organization* 92, no. 12 (December 2014): 849 – 924, https://www.who.int/bulletin/volumes/92/12/14-135590/en.

③ SithanonxaySuvannaphakdy, "COVID-19: Who supplies protective equipment in ASEAN," *The Jakarta Post*, May 4, 2020, https://www.thejakartapost.com/academia/2020/05/04/covid-19-who-supplies-protective-equipment-in-asean.html.

表 2　疫情初期东南亚主要国家隔离政策

新加坡	4月7日起，新加坡开始实施阻断措施（Circuit Breaker，CB），关闭非必要工作场所和学校以阻断新冠肺炎疫情在新加坡传播。
菲律宾	3月15日，开始对首都马尼拉进行"社区限制性隔离"政策；3月17日起，在吕宋岛实行"强化性社区隔离"措施。
泰国	3月26日，启用《紧急状态法》，实施紧急状态，以提升新冠肺炎防控级别。
马来西亚	3月18日开始在全国施行封闭式社区管理。
越南	4月1日起，全国隔离，各地之间断绝往来，将执行至少15天。
印度尼西亚	4月10日起，印尼实施大规模社交限制措施。

资料来源：笔者根据《人民日报》、环球网及各国政府政策文件整理。

随着疫情进入常态化和出现反复暴发的新特征，东南亚各国也根据疫情形势的变化来调整出入境政策。总体上各国从2020年下半年开始放宽出入境政策，但对于入境的要求包括必不可少的三项内容：一是入境时持有核酸检测阴性证明，入境隔离期满后核酸检测阴性；二是入境前接种入境国政府认可的新冠疫苗；三是入境隔离政策，根据疫情的变化以及所在国政策不同，入境隔离期在7—21天不等。东南亚国家还会根据疫情的发展来调整对于部分地区的出入境管理政策。2021年6—7月，新冠变异病毒德尔塔毒株在缅甸迅速传播，造成缅甸新一轮疫情，新加坡随即在7月14日出台了针对缅甸疫情的出入境政策。[①] 以维护国内防疫成果，防止疫情的重新暴发。

(二) 东南亚各国防疫政策对跨境人口的影响

疫情期间，跨境人口的生存受到了极大挑战，他们不仅生活卫生

---

① "UPDATES ON BORDER MEASURES FOR TRAVELLERS FROM MYANMAR," Ministry of Health, Singapore, July 14, 2021, https://safetravel.ica.gov.sg/files/MOH%20_%20Myanmar.pdf.

条件极差，而且缺乏必要的医疗保障措施，这种状况导致其感染病毒的概率远远高于本地居民。而疫情期间采取的大规模社交隔离政策和旅行限制令又导致他们无法工作，家庭收入锐减，回国也几乎成为不可能。大批非法劳工更是面临随时被罚款甚至抓捕强制隔离的风险，罗兴亚难民则面临漂泊在海上无法入境或是遭到遣返的困境。

首先，跨境人口的生存环境恶化，普遍缺乏基本的医疗保障。东南亚移民劳工大多居住在拥挤的集体宿舍、廉价公寓和其他安置外来务工人员的简陋设施中，平均每间宿舍住下了10—20名劳工。在这些狭小拥挤、卫生条件极为恶劣的宿舍里，劳工无法保持合适的社交距离，而且大部分感染者无症状或症状轻微，不易被察觉，病毒很容易在这种封闭的空间潜伏并且交叉传染。① 在新加坡，由于在疫情暴发前期对移民劳工群体没有足够的重视，使得外籍劳工聚集性感染成为其第二波疫情的引爆点，新加坡从疫情初期的抗疫模范国家沦为疫情"重灾区"。早在2020年2月，已经有新加坡外籍劳工发生了小规模的集体感染，3月当地劳工组织就发出有关劳工宿舍区存在发生大规模传染风险的警告。但是，直到4月初劳工宿舍集体感染暴发后，新加坡政府才开始采取大规模隔离措施，包括清洁宿舍区、撤离健康劳工、设立驻点医疗站等。新加坡卫生部的统计数据显示，截至2020年11月，集体宿舍房客（Dorm Residents）聚集性感染病例共有54497例，占新加坡全部病例的94%。②

---

① 《新加坡：东南亚首个新冠肺炎确诊病例破万的国家》，央视新闻网，2020年4月22日，http://m.news.cctv.com/2020/04/22/ARTIqR78Rkkw5PXSjHTtV22H200422.shtml。

② "1 November 2020 Daily Report on COVID-19," Ministry of Health, Singapore, November 1, 2020, https://www.moh.gov.sg/docs/librariesprovider5/local-situation-report/20201101_daily_report_on_covid-19_cabinet.pdf.

其次，隔离措施造成移民劳工的经济困难。劳工在危机中的经济脆弱性相对于其他工作更强。国际劳工组织的报告显示，由于疫情导致的经济危机，约16亿非正规经济工人（劳动力市场中最为弱势的群体）的生计受到了巨大冲击。① 在东南亚，据联合国数据估计，"疫情有可能摧毁东南亚2.18亿非正规经济部门工人的生计，他们占该次区域国家全国非农业劳动力的51%至90%"。② 由于疫情导致的失业使得移民劳工在东道国既没有工作收入也没有必要的储蓄和生活物资，生活将更加困难，多年来的脱贫努力受到严重影响。劳工的家庭也可能因为收不到家庭主要劳动力的汇款而生活受到影响。据联合国经济和社会事务部（UNDESA）统计，汇款通常占劳工家庭收入的60%，家庭收到的汇款中，75%被用于支付基本生活费用，如食品、学费和医疗支出。③ 许多收款人没有任何形式的社会保障，无法弥补接收汇款减少导致的家庭收入缺口。④ 而在危机时期，移民劳工往往会寄更多的钱回家，以弥补家庭收入损失或紧急情况。例如，菲律宾一直是世界上最大的侨汇接收国之一，2018年，菲律宾的国际汇款流入量达340亿美元，是全球第四大侨汇接收国。⑤ 疫情期间采取的隔离措施使

---

① 《监测报告第三期：2019冠状病毒病和劳动世界》，国际劳工组织，2020年4月30日，https://www.ilo.org/beijing/information-resources/public-information/WCMS_743234/lang--zh/index.htm。

② 《政策简报：2019冠状病毒病对东南亚的影响》，联合国，2020年7月，第11页，https://www.un.org/sites/un2.un.org/files/impact_of_covid-19_on_southeast_asia_chinese.pdf。

③ UNDESA, "Remittances matter: 8 facts you don't know about the money migrants send back home," June 17, 2019, https://www.un.org/development/desa/en/news/population/remittances-matter.html.

④ 《2019冠状病毒病（COVID-19）分析概述》，联合国移民署，2020年4月17日，https://www.iom.int/sites/default/files/our_work/ICP/MPR/covid-19_analytical_snapshots-compiled_chinese_translation.pdf。

⑤ 《世界移民报告2020》，联合国移民署，2020年，第75页，https://publications.iom.int/system/files/pdf/wmr-2020-ch_1.pdf。

得菲律宾劳工收入锐减，劳工家庭也因而陷入困境。

再次，跨境人口缺少通过合法途径返回母国。疫情期间，国际航班大幅减少，且各国对航班载客率进行了严格限制，导致机票价格上涨。国际航空运输协会（IATA）称，因疫情影响，亚太地区的机票价格要上涨54%才能实现收支平衡,① 是世界所有区域中需要上涨幅度最高的地区。高昂的回国机票以及针对跨国人群的出入境管控政策使得劳工返回母国几乎是一个不可能的选择。中国与东盟主要国家疫情期间国际航班旅客容量变化情况参见表3。

表3 中国与东盟主要国家疫情期间国际航班旅客容量变化情况

单位：人；%

国家/地区	2月		3月		4月	
	比预期容量减少	载客率减少	比预期容量减少	载客率减少	比预期容量减少	载客率减少
中国	10532219	61	14841792	82	16683876	95
泰国	1452478	15	4587421	46	8441105	94
新加坡	807608	12	3297434	45	6596279	93
越南	731936	16	2599336	55	3681731	89
马来西亚	448172	8	2500355	42	4959606	85
菲律宾	646104	18	1669456	45	2993741	86
印度尼西亚	426102	10	1466518	34	3723583	87
缅甸	147487	21	—	—	—	—
老挝	71910	21	—	—	—	—
全球	—	10	—	48	—	94

资料来源：ICAO, "Effects of Novel Coronavirus (COVID-19) on Civil Aviation: Economic Impact Analysis," April 13, 2021, https://www.icao.int/sustainability/Documents/Covid-19/ICAO_coronavirus_Econ_Impact.pdf。

---

① IATA, "COVID-19 Cost of air travel once restrictions start to lift," May 5, 2020, https://www.iata.org/en/iata-repository/publications/economic-reports/covid-19-cost-of-air-travel-once-restrictions-start-to-lift/.

此外，正规途径的陆路回国也难以成行。在泰国封关前，来自缅甸、老挝和柬埔寨的劳工蜂拥至边境地区计划通过陆路回国，约有 6 万名劳工通过边境口岸成功返乡，① 但还有 300 余万劳工在泰国无法回国。大批劳工的滞留给泰国的防疫造成了极大负担，且因疫情迟迟得不到好转，泰国不得不多次延长劳工停留时间。② 即使能够顺利回国，生活对劳工来说也不是一件易事。国际劳工组织警告，成百上千万的移民工人因新冠肺炎疫情在失去工作后被迫返乡，而他们在母国则会面临失业和贫困的处境。"母国在应对如此多的人口重新融入社会的能力非常有限，而且往往没有相应的政策和制度来确保有效的劳工移徙治理和顺利重返社会的计划。"③

最后，非法跨境人口的生存困境。东南亚跨境人口中存在着大量的非法劳工。非法劳工大多是以偷渡方式进入东道国，他们没有合法的证件，无法也不愿意被东道国追踪和管控，拒绝主动接受检查。一旦非法劳工感染病毒，他们一方面难以享受到东道国的医疗待遇，另一方面则担心非法身份被东道国发现而逃避治疗。据统计，马来西亚

---

① 《泰国：受疫情影响约 6 万外劳返乡》，联合早报网，2020 年 3 月 25 日，https://www.zaobao.com.sg/realtime/world/story20200325-1040067。

② ILO, "COVID-19: Impact on migrant workers and country response in Thailand," July 3, 2020, https://www.ilo.org/wcmsp5/groups/public/---asia/---ro-bangkok/---sro-bangkok/documents/briefingnote/wcms_ 741920.pdf; ILO, "Thailand allows longer stay for migrant workers," August 6, 2020, http://apmigration.ilo.org/news/thailand-allows-longer-stay-for-migrant-workers; "Thailand offers work permits to undocumented migrants to curb Covid-19,"The Straits Times, December 29, 2020, https://www.straitstimes.com/asia/se-asia/thailand-offers-work-permits-to-undocumented-migrants-to-curb-covid-19; "Govt to grant migrants longer stay," *Bangkok Post*, August 5, 2020, https://www.bangkokpost.com/thailand/general/1962707/govt-to-grant-migrants-longer-stay.

③ ILO, "ILO warns of COVID-19 migrant 'crisis within a crisis'," June 24, 2020, https://www.ilo.org/global/about-the-ilo/newsroom/news/WCMS_748992/lang--en/index.htm.

非法劳工人数预计在350万—400万人，①远远超过了登记在册的合法劳工人数。泰国发展研究院在疫情时预计，超过2万名在马泰国工人没有工作许可证。如果雇用这些泰国工人的企业停摆，泰国工人将通过三个南部边境省份返回泰国。而这些边境地区与其他省份相比，医疗设施容量相对较小，政府诊断、监测和隔离的负担将大大增加。②为了防止新冠肺炎在非法劳工群体中扩散，马来西亚警方在5月1日展开行动，逮捕了数百名非法外劳。然而，面对数百万的非法劳工，警方的突然行动无法根除埋藏在劳工群体中的新冠肺炎隐患。联合国难民署驻马办事处警告，大规模逮捕行动会造成非法外劳及非法移民躲藏，阻止他们寻求治疗，反而增加了感染及传播病毒的风险。

难民是难以控制的跨境人口群体，罗兴亚人问题是东南亚面临的主要难民问题。2020年2月，马来西亚举办的万人宗教集会导致3375人确诊，其中包括了2000名左右罗兴亚难民。此后，马来西亚政府拒绝罗兴亚难民入境，4月，马来西亚政府驱离了一艘载有数百名罗兴亚难民的船只。马来西亚政府甚至打算驱逐搁浅至马来西亚卡威兰岛的269名罗兴亚难民。③据统计，仅在2020年1月到7月，已有164名罗兴亚难民和其他移民在逃离困境的过程中死于海上。④

---

① 《马来西亚采取行动取缔非法外籍劳工》，中新社，2017年7月3日，https://www.chinanews.com/gj/2017/07-03/8267555.shtml。

② Yongyuth Chalamwong, "How to protect over 2 million migrant workers in Thailand from Covid-19," TDRI, May 6, 2020, https://tdri.or.th/en/2020/05/how-to-protect-migrant-workers-in-thailand-from-covid-19/.

③ "Malaysia: 'Heinous' plan to send Rohingya people back to sea," amnesty international, June 19, 2020, https://www.amnesty.org/en/latest/news/2020/06/malaysia-heinous-plan-rohingya-people-sea/.

④ 《政策简报：2019冠状病毒病对东南亚的影响》，联合国，2020年7月，第18页，https://www.un.org/sites/un2.un.org/files/impact_of_covid-19_on_southeast_asia_chinese.pdf。

对此，马来西亚国际战略研究院的学者伊丽莎·艾米拉（Ilisha Ameera）指出，由于难民没有所在国家的正常身份，使得他们难以被追踪，从而导致病毒传输链跟踪的脱节，使得病毒难以溯源，[①] 这给东道国的防疫抗疫工作带来很大的困难。同时，对于难民来说，他们也因缺乏合法身份，无法获得相应的医疗保障与救助。此外，由于疫情以来各国的出入境管控政策，国际组织对于难民的保护工作也受到了严重阻碍。

三、加强中国与东南亚国家跨境人口的合作治理

自1991年中国东盟建立对话关系以来，中国与东南亚地区的政治、经济、社会文化交流日益密切。贸易额从不足80亿美元跃升到6846亿美元，增长80余倍。双向投资更是不断扩大并趋向均衡，累计突破2000亿美元大关。我们大力拓展人文交流。双方年度人员往来2019年度已超过6500万人次，每周有近4500架航班往返于中国和东南亚国家之间。双方互派留学生超过20万人，结成了200多对友好城市。[②] 在大规模的人口流动中，包括了大量的劳工人口。东南亚是中国劳动力输出的主要目的地。根据商务部统计，2019年末，中国在新加坡共有各类劳务人员98581人，在印尼共有24983人，在老挝共有24974人，在马来西亚共有19613人，这四国分别占据了中国劳动力

---

① Ilisha Ameera, "Health Insecurity and Its Impact on Refugees in Malaysia," ISIS, April 10, 2020, https://www.isis.org.my/2020/04/10/health-insecurity-and-its-impact-on-refugees-in-malaysia/.
② 《王毅国务委员兼外长在纪念中国东盟建立对话关系30周年特别外长会上的致辞（全文）》，中国外交部，2021年6月8日，https://www.fmprc.gov.cn/web/wjbzhd/t1881992.shtml。

输出总规模的 9.9%、2.5%、2.5%和 2%①。

（一）疫情对中国在东南亚海外劳工安全的冲击

新冠肺炎疫情期间，中国在东南亚的海外务工人员同样面临着生存困境问题。第一，海外务工人员的卫生条件难以得到保障。中国在东南亚的海外务工人员同东南亚大多数劳工一样居住在拥挤的劳工宿舍，缺乏必要的医疗保障，感染新冠肺炎的风险极高，一旦确诊，只能在当地接受隔离，无法回国治疗。此外，由于各国采取出入境管控措施以及中国"五个一"政策和国际航班奖励和熔断机制的实施，导致航班供需关系发生急剧变化，加上中间环节层层加码，多次倒票、炒票行为，使得机票价格疯涨，几乎是劳工们数月的工资，且一票难求。疫情期间劳工已经连续几个月只收到微薄的政府补助，不到万不得已，都不想买高价机票回家。能够买到票的劳工在回国途中，也面临感染的风险。

第二，相比于病毒，种族歧视与偏见对中国劳工人员的威胁更大。在疫情期间，部分东南亚国家出现歧视华人、针对中国劳工的排华行为。从 2020 年 3 月起，印尼东南苏拉威西省民众持续举行反对和抗议中国劳工人员抵达的活动。这些中国劳工人员受雇于在印尼经营的中国企业，抵印尼时严格按照该国政府的卫生防疫规定，持有合法的工作许可证和健康证书。按照印尼政府向当地民众的解释，中国劳工已获得中央政府的许可，而且他们都是专业技术人员，能够向当地工人传授技术，帮助减少失业和贫困。尽管如此，东南苏拉威西省的

---

① 《中国对外劳务合作发展报告 2019—2020》，中国商务部，2020 年，第 11 页，http://images.mofcom.gov.cn/fec/202011/20201109103333170.pdf。

学生组织、劳工协会和村民群众仍认为政府如果在疫情期间批准外国劳工到来，将会抢占当地工人的就业机会，因而不断游行示威，甚至袭击当地政府机构和保护中国劳工的印尼警察，要求驱逐中国劳工。[①]疫情导致社会矛盾更加突出，针对中国劳工的暴力事件有所增多，对中国公民的安全造成了严重的威胁。

（二）疫情后中国与东盟国家合作治理跨境人口的主要措施和面临问题

中国与东盟邻国的跨境人口管理主要是通过双边边界协定机制，如《中越陆地边界管理制度的协定》《中老政府边界制度协定》《中缅关于中缅边境管理与合作的协定》。但双边机制的合作并不能被充分深入地执行，由于中国与东盟邻国法律政策的不同，对边民跨国流动治理认识上和能力上的差异，[②]导致双边合作实际上非常有限。此外，在跨境人口流动过程中，中国是流入国，因武装冲突、跨国通婚、跨国务工、商贸往来等，每年都有大批东盟邻国人口流入中国，其中包括大量"三非人员"即非法入境、非法居留及非法就业的外国人，使得中国对于跨境人口的流入压力远大于东盟邻国流出的压力。同时，由于双边协定规定的口岸数量较少，导致跨境人口更倾向于选择通过数量众多而且分布广泛的边境便道出入境，更加剧了中国边境治理的困难程度，而非法跨境人口的流入也是此次疫情在中国边境地区暴发的主要原因。

---

① 张洁、梁劲：《新冠疫情凸显东南亚外籍劳工多重困境》，《世界知识》2020年第15期，第31页。

② 李丽、马振超：《中越边民跨国流动治理的困境与路径探析》，《西南民族大学学报（人文社会科学版）》2018年第3期，第49页。

在跨境卫生合作方面，疫情暴发前，中国与东盟已经建立起了多项卫生合作机制，如"中国—东盟卫生合作论坛"、大湄公河次区域传染病监测与防控项目、大湄公河次区域跨境传染病联防联控项目、中国—东盟卫生人才培养百人计划、中国—老挝医疗服务共同体项目等，通过援助与合作相结合的模式促进东南亚"一带一路"沿线国家医疗卫生事业的发展。① 其中大湄公河次区域跨境传染病联防联控项目从 2005 年起就由云南和广西两省（区）开始实施，初步建立云南边境地区重点传染病跨境防控的合作机制和疫情通报机制。② 在 2018 年 11 月，第 21 次中国—东盟领导人会议发表的《中国—东盟战略伙伴关系 2030 年愿景》中，双方明确认识到了"非传统安全威胁和跨境挑战的紧迫性"，认为"有必要加强地区共同的韧性与合作"。③

随着疫情的全面暴发，为防止境外病毒输入，中国采取了严格的封关措施。截至 2020 年 11 月，中国已经关停了 46 个陆地口岸、66 条边民通道，共查获毗邻国家人员偷渡来华的案件 700 余起，查处非法入境的外籍人员 5000 多人，并且加强了值守看管，严防境外人员绕关避卡入境。④ 为了减少疫情期间边境人口尤其是"三非"人群的流动，中国同越南、缅甸、老挝等国采取了强有力的措施推进边境抗疫

---

① 《国家卫生计生委办公厅关于印发〈国家卫生计生委关于推进"一带一路"卫生交流合作三年实施方案（2015—2017）〉的通知》，国家卫生健康委员会，2015 年 10 月 23 日，http://www.nhc.gov.cn/wjw/ghjh/201510/ce634f7fed834992849e9611099bd7cc.shtml。

② 《大湄公河次区域跨境传染病联防联控项目十周年总结会在云南召开》，国家卫生健康委员会，2015 年 7 月 27 日，www.nhc.gov.cn/gjhzs/s3582/201507/2500bff1472b4c5aa60f9d3af1049f84.shtml。

③ 《中国—东盟战略伙伴关系 2030 年愿景》，新华网，2018 年 11 月 15 日，http://www.xinhuanet.com/world/2018-11/15/c_1123718487.htm。

④ 《国家移民管理局：严控口岸通道严格边境地区管理》，国家移民管理局，2020 年 11 月 13 日，https://www.nia.gov.cn/n794014/n794021/c1363017/content.html。

执法合作，并常态化开展边境联合巡逻、联合执法、联合演练，[1] 特别是中越在疫情期间边境管控上的合作有力地防范了跨境病毒传播。早在 2020 年 4 月，广西就分别与越南广宁、谅山、高平、河江边境四省建立了由双方外事部门牵头，公安、商务、卫生、边防部队、海关、边防检查及边境市、县等单位组成的跨境疫情防控沟通协调机制，[2] 共同加强边境和口岸管控。越南国防部副部长、边防部队原司令黄春战表示，越方按照双方达成的共识，在中越边境地区小道、开放通道加强力量、成立工作组、设立检查点，全天 24 小时执行任务，将继续加强工作配合，有效开展巡逻和执法行动，共同防范应对疫情跨境传播。[3] 中越抗疫合作取得了卓有成效的经验和成果，不仅遏制了疫情的境外输入，更是树立了疫情期间双边跨境人口流动治理的典范，在双边的共同努力下，截至 2021 年 8 月 27 日，广西壮族自治区境外输入病例累计仅为 36 例。[4]

而云南的情况则复杂得多，云南边境线长、周边国家疫情形势严峻复杂，给疫情防控工作带来了巨大挑战。2021 年 5 月 3 日至 6 日，国务委员、公安部党委书记、部长赵克志曾在云南调研时强调要加快推进立体化边境防控体系建设，不断完善人防技防物防措施，严密边

---

[1] 《患难见真情共同抗疫情国家移民管理局疫情防控国际合作成效显著》，国家移民管理局，2020 年 9 月 24 日，https://www.nia.gov.cn/n897453/c1344845/content.html。
[2] 《广西与越南四省建立跨境疫情防控沟通协调机制》，广西壮族自治区政府，2020 年 4 月 26 日，http://www.gxzf.gov.cn/gxyw/t5234378.shtml。
[3] 《患难见真情共同抗疫情国家移民管理局疫情防控国际合作成效显著》，国家移民管理局，2020 年 9 月 24 日，https://www.nia.gov.cn/n897453/c1344845/content.html。
[4] 《新型冠状病毒肺炎疫情防控动态》，广西壮族自治区卫健委，2021 年 8 月 27 日，http://wsjkw.gxzf.gov.cn/ztbd_49627/sszt/xxgzbdfyyqfk/。

境口岸出入境管理，严防境外疫情输入风险"。① 云南口岸城市瑞丽，一年内因缅甸输入病例而三次暴发疫情。为防止境外疫情输入，瑞丽市在169.8公里的边境线上，共设置封控点506个，投入力量3902人，全面强化边境管控。② 但这些措施仍未能杜绝境外病例输入。截至2021年8月26日24时，云南省现有确诊病例264例，其中本土26例，境外输入238例，无症状感染者42例均由境外输入，③ 而境外输入中绝大部分是由缅甸通过陆路进入云南。

目前，东南亚跨境人口流动对于中国本土疫情防控工作仍影响严重，边境地区的疫病疫情防控工作仍处于压力大、任务复杂艰巨的状态，这是由多方面原因造成的。首先，由于中国同缅甸、越南、老挝等东南亚国家的陆地边界加起来接数千公里，一些地区受自然条件的限制，边境通道众多，很难实施全方位的边境管理，使得偷渡者有了可乘之机。其次，经济因素也是重要原因，疫情期间长期的隔离限制措施严重影响了边民的收入以及跨境商务的发展，导致许多从事边境贸易的人员不得不铤而走险通过非法途径跨境来维持生机。此外，由于东南亚邻国对于疫情的控制能力相对较弱，疫情在当地反复暴发，使得滞留当地的中国人不惜代价寻求返回国内的途径，云南境外输入病例9成以上是中国国籍。值得注意的是，2021年4月8日全国打击治理电信网络新型违法犯罪工作电视电话会议召开后，各地纷纷开展

---

① 《扎实推进公安队伍教育整顿 全力做好维护社会安全稳定各项工作》，中国警察网，2021年5月6日，www.cpd.com.cn/n10216060/n10216144/202105/t20210506_969423.html。

② 《云南瑞丽设置边境封控点506个，全面强化边境管控》，观察者网，2021年3月31日，https://www.guancha.cn/politics/2021_03_31_585889.shtml。

③ 《2021年8月26日云南省新冠肺炎疫情情况》，2021年8月27日，云南省卫生健康委员会，http://www.yn.gov.cn/ztgg/yqfk/yqtb/202108/t20210827_226996.html。

大规模电信诈骗劝返活动，采取严格措施勒令缅北电信诈骗人员立即回国。据报道，在缅北的电信诈骗团伙超过十万人，大量诈骗人员在劝返下集中回国自首，给云南边境口岸的防疫工作带来了新的挑战，部分口岸甚至采取每日限额150—180人通关的措施以缓解防疫压力。最后，在中国与东南亚邻国的跨境人口互动中，中国是主要流入国，而东南亚邻国则无须担忧大量人口的跨境流入，边境管理压力较小，且跨境人口流动能为其边境地区带来经济改善，导致一些相关部门对边民跨国流动治理态度消极。① 在疫情下，东南亚邻国国内疫情尚且难以控制，对于边境的管理则更加无暇顾及。

（三）未来加强合作治理的建议

党的十九届四中全会明确指出，要"构建海外利益保护和风险预警防范体系，完善领事保护工作机制，维护海外同胞安全和正当权益，保障重大项目和人员机构安全"。② 疫情暴发后，中国驻东盟各国使领馆迅速采取行动，积极与所在国政府协商，解决当地中国公民所面对的困难。泰国是中国公民出境游第一大目的地国，2020年1月11日至2月6日，有超过100万中国公民赴泰旅游。受国内疫情发展和航班取消影响，很多同胞"进退两难"，想回国，但航班取消，想留下，又怕签证过期。驻泰使馆高度重视在泰中国同胞的诉求，积极与泰方主管部门沟通协调。泰方从泰中友好出发，免除持旅游签证或旅游落地签证入境、因疫情影响而滞留在泰的中国公民的罚金。泰方

---

① 李丽、马振超：《中越边民跨国流动治理的困境与路径探析》，《西南民族大学学报（人文社会科学版）》2018年第3期，第49页。
② 《中共中央关于坚持和完善中国特色社会主义制度，推进国家治理体系和治理能力现代化若干重大问题的决定》，《人民日报》2019年11月6日第1版。

还推出了只要中国使馆开证明,即可为中国滞留游客办理签证延期的便利举措。① 菲律宾政府颁布对于中国公民临时入境禁令,菲各航空公司取消往来于菲中两国的全部航班后,驻菲领事参赞率工作组星夜驰援机场滞留游客,妥善解决了中国公民在菲滞留问题。② 此外,在疫情期间,中国使领馆还为滞留当地海外务工人员提供了必要的防护物资"健康包"和生活保障,促请驻在国政府切实重视解决中国公民在健康安全方面遇到的各种问题,及时救治染疫的中国公民等。同时,中国使领馆积极协助海外受困的中国公民返回祖国,截至2020年11月,通过开通临时航班等方式,中国一共从92个国家接回了7万多名中国公民。③ 有效地帮助了滞留在海外的中国公民回到祖国。对于重大项目建设、必要的双边人员往来,中国也积极与周边国家协调,建立人员往来"快捷通道"和货物"绿色通道"。④

随着疫情常态化趋势的凸显,中国领使馆也转变了境外人员的保护行动措施,开展疫情常态化下对东南亚中国公民的保护。目前,在外交部和各驻外使领馆的协助下,为海外包括港澳台同胞在内的中国公民接种新冠肺炎疫苗的"春苗行动"计划已经在海外全面展开,截至2021年8月13日,已有超过230万名海外中国公民在170多个国

---

① 《驻泰国使馆全力做好防控新冠肺炎疫情涉领事工作》,中国领事服务网,2020年2月18日,http://cs.mfa.gov.cn/gyls/lsgz/lqbb/t1746163.shtml。

② 《紧急驰援——一名外交新兵眼中的领事保护——驻菲律宾使馆紧急协助滞菲中国公民回国工作纪实》,中国领事服务网,2020年2月18日,http://cs.mfa.gov.cn/gyls/lsgz/lqbb/t1746151.shtml。

③ 《7万多名海外疫情受困中国公民已回家》,新华社,2020年11月12日,http://www.xinhuanet.com/world/2020-11/12/c_1126732685.htm。

④ 《推动复工复产中国与周边多国建立人员往来"快捷通道"》,中国商务部,2020年6月18日,http://www.mofcom.gov.cn/article/i/jyjl/j/202006/20200602975238.shtml。

家接种新冠疫苗。① 在东南亚，中国政府积极与东南亚各国协调合作，除新加坡外，其他所有东南亚国家的海外中国公民皆可在"春苗行动"计划下接种新冠疫苗。

在后疫情时代，新冠病毒很大概率成为"常驻病毒"，部分国家选择了"与病毒共存"②，因此针对东南亚地区的跨境人口问题，尤其是中国劳工在东南亚地区面临的困境，中国与东南亚国家应加强相关治理合作，共同维护本地区的长期经济发展与社会稳定。对于中国来说，如何在疫情常态化下与东南亚国家联合加强海外务工人员的保护，完善边境地区联防联控机制，对全面提高应对突发重大全球公共卫生事件的能力和水平具有重要的实践意义。

首先，加强对海外劳工群体的公共卫生防护。由于新冠肺炎疫情的发展具有很强的反复性和突然性，且病毒在不断地产生新的变异毒株，未来中国应继续加强海外务工人员的领事保护工作，逐步完善疫情期间海外人员领事保护机制，而且应重点完善海外公共卫生安全的治理机制，包括疫情风险预警、响应、处置机制。此外，还需继续推动"春苗行动"在各国迅速、顺利的实施，为海外人员提供必要的防疫物资、疫苗接种和医疗救助。同时，海外华人华侨社团、中资企业协会等非政府力量疫情期间协助政府在抗击疫情工作上做出了积极的贡献，后疫情时代海外人员的保护工作离不开外交部及中国驻外使馆与社会力量实现广泛联动，多方整合资源，共同应对挑战。

其次，建立并完善边境地区疫情联防联控机制。习近平主席在中央政治局常委会会议研究应对新冠肺炎疫情工作时指出，要针对这次

---

① 《"春苗行动"让海外同胞备感温暖》，《人民日报》2021年8月13日，第17版。
② 新加坡在2021年6月宣布将不再追求"清零模式"。

疫情应对中暴露出来的短板和不足，健全国家应急管理体系，提高处理急难险重任务能力。① 面对来势汹汹的全球性公共卫生危机，加强跨境人口管理和边境地区出入境管控是提高国家应急管理体系不可缺少的重要一环。未来，应以疫情为"契机"，进一步完善边境地区疫情联防联控机制，切实加强边境管控，与东南亚相关国家联合打击非法出入境活动，建立信息互通共享机制，全力防控疫情蔓延。

最后，逐步发展健康码国际互认机制。疫情常态化趋势将长时间存在，人员往来需要消除不必要的防疫壁垒，跨国物资和商品流动需要逐步恢复。习近平主席出席二十国集团领导人第十五次峰会第一阶段视频会议时提出"建立基于核酸检测结果、以国际通行二维码为形式的健康码国际互认机制，希望更多国家参与"。② 目前，中国已经与阿联酋实现健康码互认，同东南亚国家正积极协调探讨健康码互认的可行性和操作方案，未来有望实现免去入境集中隔离措施，从而消除病毒樊篱，推动跨国人员流动重回正轨。

四、结语

总体上说，东南亚国家经受住了疫情考验，在疫情期间的表现可圈可点，防控是较为成功的。东盟治理机制虽迟到但并没有缺席，东盟各国就共同抗击疫情，保护劳工权利做了集体承诺。在保证合作意愿和舒适度的前提下，以东盟为核心的地区卫生合作逐步扩展合作范

---

① 《在中央政治局常委会会议研究应对新型冠状病毒肺炎疫情工作时的讲话》，中国政府网，2020年2月15日，http://www.gov.cn/xinwen/2020-02/15/content_5479271.htm。
② 《习近平出席二十国集团领导人第十五次峰会第一阶段会议并发表重要讲话》，中国政府网，2020年11月22日，http://www.gov.cn/xinwen/2020-11/22/content_5563274.htm。

围,扩大讨论领域,朝着制度化方向发展,① 从而建立起了抗击疫情的"东盟方式",为应对疫情常态化的趋势打下了良好的地区合作基础,为世界各国提供了疫情合作的地区范例。

目前,中国和东南亚在疫情合作上已经初步形成了良性互动机制。在后疫情时代,面对疫情的长期性、未知性和突然性,中国和东南亚国家不仅要完善边境地区疫情联防联控机制,协调双边疫情防控工作,严防病毒在边境地区蔓延,为发展中国家跨境人口治理提供新思路,新方法,更需要进一步将公共卫生领域的合作制度化,并乘势推动更为广泛的非传统安全合作与经济合作,② 从而有效维护地区经济发展和和平稳定,深化中国东盟区域合作,共同打造中国—东盟的"健康共同体"。

---

① 张蕾:《安全化、制度化与东盟地区卫生治理》,《云大地区研究》2020年第2期,第108页。
② 张洁:《中国与东南亚的公共卫生治理合作——以新冠疫情治理为例》,《东南亚研究》2020年第5期,第25页。

历史与文化

观念阐释与政策构建：
俄罗斯生态文化研究与启示[*]

王　野[**]

摘　要　俄罗斯生态文化建设和生态政策构建的实践和经验对中国生态文明建设具有借鉴意义，对中俄生态合作具有参考价值。俄罗斯生态哲学是俄罗斯生态文化观念的理论基础，自然、宗教、文学、经济社会发展因素同样制约着俄罗斯生态文化观念的形成和发展。在生态文化观念的指导下，俄罗斯已形成较完备的生态文化建设体系，其生态政策呈现出以利益为底层逻辑的务实风格和内外分离的特点。中国应借鉴俄罗斯生态教育、培训和普及"三位一体"的生态文化体系经验，并积极推动生态文化立法进程。在加强中俄生态合作和构建中俄命运共同体的过程中，应关注到俄罗斯利益战略的务实风格，通过寻找共同利益点实现合作共赢。

关键词　俄罗斯生态哲学；生态文化观念；生态政策；中俄生态合作

---

[*] 本文为大连外国语大学校级科研项目"俄罗斯国际气候合作观念的话语建构与立场演变（1994—2018）：批评话语分析视角"（项目编号：2019XJYB10）的研究成果。

[**] 王野，大连外国语大学俄语学院讲师。

党的十八大报告中首次将生态文明建设列入国家战略，党的十九大报告中进一步提出了详尽的生态文明建设举措，"像对待生命一样对待生态环境"，"实行最严格的生态环境保护制度"等论述，更是将生态文明建设的重要性提升到了前所未有的高度。2020年9月22日，习近平总书记在第七十五届联合国大会一般性辩论上向世界宣布了中国的碳达峰目标与碳中和愿景，并在其后的多次重要发言中强调了中国实现碳达峰和碳中和的决心。生态文明建设问题兼具复杂性、综合性和全球性特征，与生态、社会、经济、制度等因素相关，借鉴他国经验可以事半功倍。实现碳达峰和碳中和需要将其纳入生态文明建设整体布局，倡导绿色低碳生活行动，加强国际合作行动。

　　俄罗斯作为世界最大的能源出口国和世界第三大温室气体排放国是名副其实的生态资源大国。生态问题在俄罗斯受到极大的重视和关注，生态安全已确立为俄罗斯国家安全战略目标，并构建了较完备的生态政策体系。中国与俄罗斯相似，经历了计划经济历程和体制改革背景，中国的"生态文明"观念也与俄罗斯的生态文化观念具有共同的社会主义根源，[①] 因此，深入理解俄罗斯生态文化观念及其生态文化观念指导下的生态政策构建，对我国生态文明建设具有重要的启示意义，对中俄生态合作也具有参考价值。

　　本文主要对俄罗斯生态文化观念的哲学基础进行梳理，对俄罗斯生态文化观念进行阐释，对俄罗斯生态政策的内容进行归纳和评述，并对完善中国生态文明体系建设提出建议。

---

① 阿伦·盖尔、曲一歌：《生态文明的生态社会主义根源》，《国外社会科学前沿》2021年第2期，第29-30页。

一、作为俄罗斯生态文化理论基础的俄罗斯生态哲学

俄罗斯生态哲学是解决俄罗斯生态问题的理论探索，它与俄罗斯生态文化一脉相承。可以说，俄罗斯生态哲学是俄罗斯生态文化的理论基础，俄罗斯生态文化是俄罗斯生态哲学的发展目标。俄罗斯生态哲学起源于古罗斯时期的多神教信仰，并在俄罗斯哲学和文学中得到了发展和演进。当代俄罗斯生态哲学则进一步探讨和阐释了人与自然的关系、全球生态危机等问题，包括人与生态、生态与社会经济、人与社会等，逐步形成了俄罗斯生态哲学的独特视角。

（一）当代俄罗斯生态哲学的发展脉络

19世纪中叶，生态学家费奥多罗夫提出了"自然调节"的理念，他认为人一定要避免控制进化和改造自然，强调理性介入自然的重要性。19世纪末期，哲学家萨拉维耶夫认为人类通过努力达到的理想状态是人类与自然正确的、和谐的相处，人类既不应该被迫服从于自然，也不应该与自然作斗争。

20世纪初期，俄罗斯逐渐形成了生态可持续发展理论。苏联矿物学、地质化学家维尔纳茨基关于"生物圈"和"智慧圈"的观点是俄罗斯生态哲学的重要概念。他指出："生物圈是地球上所有存在生命的地带，包括一切有机体及其生存的环境，其范围包括岩石圈、大气圈和全部水圈，强调活物质的地质意义。"[①] 所谓"智慧圈"，即"在

[①] 肖晶波、张明雯：《维尔纳茨基及其智慧圈》，《哈尔滨师范大学自然科学学报》2006年第4期，第110页。

科学思维和人类劳动的共同影响下,生物圈将向另一种崭新的状态过渡"。① 根据他的预测,人类会为了自身利益而改变自然,人类无度的行为将导致自然环境发生急剧变化。他提出了人类生存和生活的社会文化基本原则,强调人、自然、社会三者之间的平衡。

苏联时期,关于生态问题的讨论常常与经济发展紧密相连。20世纪20年代,马克思主义理论家、经济学家布哈林提出了平衡论,该理论被认为是认识生态问题的马克思主义哲学基础。布哈林在继承经典作家的生态理论、吸收现代生态学发展成果的基础上,提出自然界是人类社会的环境和培养基,阐明人类社会与自然之间相互联系、相互作用的动态平衡,主张把人类发展的历史放在生物圈这个大系统中来思考,支持环境保护。② 思想家、活动家普列汉诺夫提出了"人为环境"概念,强调自然环境对生产力发展的作用,在他看来,生产力发展阶段不同,地理环境对人产生的作用也有所差异。③ 20世纪70年代,戈尔巴乔夫的顾问、《哲学问题》主编、哲学家弗罗洛夫呼吁将人类中心主义向生物圈中心主义转变,他反对社会生物学,否定基因决定社会行为,不支持达尔文主义的复兴。他曾表示:"把生物圈当作是资源的来源或者是清理废物的机器是错误的。"④ 在弗罗洛夫看来,人类发展不仅与社会发展相关,而且与生态、遗传、心理等相关,应将生物伦理学的重要地位突出出来,如果科学给人类的健康带

---

① ВЕРНАДСКИЙ В И, *Философские мысли натуралиста* (Москва: Наука, 1988), p. 27.
② 杜秀娟:《布哈林的生态思想探析》,《社会科学辑刊》2014年第5期,第34页。
③ Г. В. 普列汉诺夫:《普列汉诺夫哲学著作选集》第2卷,北京三联书店译,生活·读书·新知三联书店,1961,第270页。
④ D. R. Weiner, *A Little Corner of Freedom: Russian Nature Protection from Stalin to Gorbachev* (Berkeley: University of Chicago Press, 1999), p. 399.

来隐患、给人类的生存带来灾难，是不可接受的。1983年，第三次全苏现代自然科学的哲学问题大会讨论了科学技术革命背景下人、社会与自然的议题，哲学家弗罗洛夫在会上提出了促进科学技术与国民经济生态化、培养全民生态意识以保证人类生存的观点。与此同时，他认为工业文明发展对自然环境造成破坏，导致了新的野蛮，哲学在各学科领域具有整合功能和方法论意义。20世纪80年代，俄罗斯学者继续致力于探讨和研究人类在改造自然和世界中的地位，以及全球性的生态问题，其中包括哲学家罗西提出的生态问题的全球性，[①] 哲学家基鲁索夫提出的"生态意识"的概念，[②] 哲学和科技方法论学者乌尔苏勒提出的"生态活动"概念[③]等。

（二）当代俄罗斯生态哲学的特点

通过对当代俄罗斯生态哲学历史发展脉络进行梳理，可以看出当代俄罗斯生态哲学具有以下特点。

首先，当代俄罗斯生态哲学具有融合性。当代俄罗斯生态哲学注重学科融合、研究方法融合，在其发展过程中不断与生态美学融合，与此同时，将自然科学中的相关学科，如环境学、生物学、地质学等纳入研究范畴。

其次，当代俄罗斯生态哲学具有宽泛性。人与自然的关系问题是俄罗斯生态哲学的核心，在内容上始终关注人与自然的关系，同时，人与社会、人与宇宙的关系问题也被广泛研究。当代俄罗斯生态哲学

[①] Лось В. А.，«Глобальные проблемы как предмет комплексных научных иссл,» *Вопросы Философии*, no. 12 (1985).

[②] 余谋昌：《苏联学术界关于人与自然关系的研究》，《哲学动态》1988年第5期。

[③] А. Д. 乌尔苏勒：《论"生态活动"概念》，余谋昌译，《自然科学哲学问题》1987年第3期。

秉承了唯物辩证法的观点,关注多维度、多领域的生态问题,研究问题范围广,且注重全面深刻地理解人在整个宇宙、环境中的位置。

再次,当代俄罗斯生态哲学具有矛盾性。俄罗斯生态哲学强调人与自然的对话和沟通,认可人与宇宙相统一的理念,强调人与宇宙、自然的和谐与统一,试图建立摆脱人类肆意妄为改造生态环境的行为模式。但俄罗斯生态哲学认为生态危机是人类生存环境恶化的罪魁祸首,其主要关注如何摆脱生态危机和自然灾害。虽然俄罗斯生态哲学倡导改变以经济利益为主导的发展模式,主张其向生态利益为主导的发展模式转变,但始终未能逃脱"人类中心论"的樊篱。

最后,当代俄罗斯生态哲学具有实践性。生态哲学的发展始终与人类生产的实践活动、与社会经济环境的变化息息相关。生态哲学在与人文社会和自然科学的融合发展中,不断渗透到俄罗斯经济、政治、社会、文化、生态建设当中,使俄罗斯生态文化观念具有更加具体的实践意义。

二、俄罗斯生态文化观念的阐释

俄罗斯生态哲学的融合性、宽泛性、矛盾性和实践性在俄罗斯生态文化观念中得以表达和发展,但想要深入、全面地阐释俄罗斯的生态文化观念就需要在分析俄罗斯生态哲学的基础上,厘清俄罗斯生态文化观念的概念、分析俄罗斯生态文化观念的影响因素和特点。

(一)俄罗斯生态文化观念的概念

20世纪60年代,由于人类在开发利用自然的过程中给环境带来了灾难性后果，出现了全球气候变暖、土地荒漠化、自然资源枯竭、动植物物种灭绝等一系列问题，严重影响了人类的生产生活，催生了保护环境的意识觉醒。生态文化的概念就是在这样的背景下产生的。生态文化对人类的精神生活和行为实践起指导作用，是人类文化的重要组成部分。

俄罗斯学者从不同角度对生态文化进行了研究。从生态文化的本质角度出发，作家瓦西里耶夫认为生态文化的本质是人类对自然的务实态度。[1] 生物教学法奠基人兹维列夫认为生态文化丰富了人与环境相互作用的知识与经验，催生了人类个体和人类社会对环境、物质、社会及精神价值的责任意识，维系了人类的健康和创造力，保证了人与自然的和谐共处。[2] 从生态文化定义的角度出发，在生态学家苏拉维吉娜看来，生态文化是基于人类活动和生态知识两者之间的辩证统一体系。[3] 生态教育家纳扎洛夫则把生态文化视为人类通过潜意识、思想和行为对生存环境不断作用并世代传承的体系。[4] 生态教育家茨维特科娃在纳扎洛夫的基础上，认为生态文化是对生态知识的学习，对生态技能的掌握，以及对生态理念的传承，是人类探索生态保护的成果。[5] 生态文化在《俄罗斯联邦生态文化法案》中被定义为："生态文化是社会文化不可缺少的一部分，涉及人与自然的社会关系体系、个人与社会的精神道德标准、观点和价值观体系，以及人与自然和谐共处、人与自然的相互适应体系，通过人类社会对环境和环境问题的

---

[1] МОИСЕЕВА Л В, *Региональное экологическое образование* (Москва: Наука, 1997), p. 46.

[2] Там же.

[3] Там же.

[4] Там же.

[5] Там же.

态度和行为体现出来。"①

综上，俄罗斯学者从不同角度对生态文化的本质和概念进行了探讨和研究。而在本研究中，我们尝试将俄罗斯生态文化在语言文化学视域下进行定义。

文化观念（концепт）是反映人的经验和知识信息结构的精神或心理的内容单位，是人心理层面反映出的世界图景、概念体系、精神词汇总和及记忆的内容单位。②在这种视角下，观念被认为是在人类的活动中、在认识世界的过程中形成的，与此同时，观念也映射出人类的知识和经验。从文化学的视角来看，根据哲学家、文化学者利哈乔夫及哲学家、符号学家斯捷潘诺夫的理解，文化观念是人意识中文化的凝结，是人精神世界中的基本文化单位，是固定在文化中的人意识的一部分。③利哈乔夫把一个民族文化观念的总和称作文化观念域或概念域（концептосфера）。④

俄罗斯生态文化观念同样可以被看作一个文化观念域。我们认为，俄罗斯生态文化观念是俄罗斯民族意识中生态文化的凝结，是俄罗斯民族在历史发展过程中，在自然、宗教、文学、经济社会发展等因素的影响下逐渐形成的关于人、自然和社会关系认知的概念体系，反映了俄罗斯民族处理人、自然和社会关系的道德标准和价值观，决定着人对生态环境本身和处理环境问题的态度和行为，决定着俄罗斯

---

① Проект федерального закона РФ «Об экологической культуре» No. 90060840 - 3 (внесен 13. 07. 2000) .

② Краткий словарь конгнитивных терминов, . М.: Филол. Ф-т МГУ им. М. В. Ломаносова, 1996, p. 90.

③ Степанов Ю. С. Константы, *словарь русской культуры. Опыт исследования* (М.: Языки русской культуры, 2001), p. 43.

④ 刘宏：《俄罗斯语言文化与跨文化交际》，外语教学与研究出版社，2018，第149页。

生态政策的构建。

(二) 俄罗斯生态文化观念的影响因素

俄罗斯生态文化观念的形成和发展受到多种因素的制约和影响，其中包括自然因素、宗教因素、文学因素、经济社会发展因素等。在这些影响因素当中，自然因素（包括地理因素、气候因素和环境因素）对俄罗斯生态观念的影响最为深远。

俄罗斯是世界上国土面积最大的国家，地跨欧亚大陆。由于地域宽广辽阔，其气候及地形多样化，境内自南向北依次为半荒漠地带、草原地带、森林草原地带、森林地带、森林冻土地带、草原地带、冻土地带和北极荒漠。俄罗斯特殊的自然条件造就了俄罗斯民族崇尚集体、顽强坚忍、崇尚自由等性格特点。森林是俄罗斯民族多世纪以来赖以生存的生活环境，森林中的木材可以作为建筑材料、燃料、餐具和装饰品，森林中的动物可供其食用，动物的毛皮可供其制作御寒衣物。草原对俄罗斯民族同样影响深远，草原象征着自由、放纵、宽广和不局限。河流孕育了俄罗斯的历史，河流不仅以自身丰富的鱼类资源养育了俄罗斯民族，而且提供了相对便捷的交通网络。与此同时，河流促进了居民的社会交往，培养了俄罗斯人协作、进取和集体精神。与河流不同，平原则给予俄罗斯人柔软、难以捉摸、谦逊且平静的印象。

宗教因素同样对俄罗斯生态文化观念产生了影响，东正教在近千年的时间里被奉为俄罗斯的国教。多神教信仰和对原始自然的崇拜丰富了俄罗斯民族的宗教情感内核，这其中包括对土地、水、树木等的崇拜。

俄罗斯生态观念中的宗教色彩还在文学作品中得到了充分的体现。普希金笔下个性纯真、自然的农奴对于自由生活的追求；恬适的乡间、潺潺的溪水、悠然的牧场，幽静的森林，淳厚的人民，种种意象无一不表现出返归自然，人与自然和谐共处的生态伦理意识。托尔斯泰在此基础上，探索人类回归自然的方法和途径，向人们展示了生态的原始美感，使自然审美不断超越。苏联时期，得益于生态文化共同体的逐渐形成，俄罗斯生态文学发展方兴未艾。被誉为"世界生态文学和大自然文学的先驱"的普里什文让人们了解自然、认知自己，诠释了爱与真善美。小说家阿斯塔菲耶夫的《鱼王》、作家拉斯普京的《告别马焦拉》、作家艾特玛托夫的《白轮船》和《断头台》等文学作品中有许多关于大自然的神话，这些神话中所塑造的自然神的形象均带有早期泛神论和多神教的特征。帕乌斯托夫斯基的一系列作品对人与自然的关系进行了反思，号召人们保护森林。可以说，俄罗斯生态文学以其丰富的内容和体裁反映了俄罗斯人对于人与自然关系的反思、反映了传统与现代的矛盾和冲突，呼吁人类热爱自然、珍惜自然。

俄罗斯生态观念始终受到俄罗斯经济社会发展因素的影响和制约。在罗斯受洗前，大多数俄罗斯人留恋多神教，东正教文化只影响了少数人。在此时期，自由、朴素、多神占据了俄罗斯的生态文化，体现在对大自然的原始崇拜。在接下来的彼得大帝时期、白银时代，生态问题同样没有受到广泛关注。十月革命胜利后，苏联进入高速发展时期，"征服自然"占据了重要的位置，政府和民众在政策及行动层面都没有采取切实有效的自然资源保护政策和措施。直到1970年以后，生态危机使苏/俄重新审视人与自然的关系，也就是在这一阶段，苏联生态文化思潮逐渐形成并发展。俄罗斯于 1994 年 11 月 4 日批准加入《联合国气候变化框架公约》，但俄罗斯并未充分关注到生态问题的严重性，而只是作为主权国家在国际社会中行使其主权的签约行为。[①] 2004 年 11 月 5 日，普京签署《京都议定书》，赋予了其在俄罗斯联邦的法律意义。在《京都议定书》生效后，俄官方内部对其展开了激烈的讨论，但总体上说，政治和外交因素是俄罗斯签订并使《京都议定书》生效的主要因素。梅德韦杰夫执政时期，俄罗斯生态脆弱性日益凸显，俄罗斯决策层根据国内外政治经济形式灵活变换生态合作立场，国内虽出台了节能减排行动方案，但民众对生态问题认识不足，可持续发展理念没有在大众传媒中形成影响力。近些年来，环境质量持续下降、生物多样性恶化等问题使俄罗斯意识到生态问题将引起生态安全威胁，在国内形成了"国家—地区—城市"的生态治理体系，形成了"评估后果—信息整合—人才培养—社会监督—环境监控"的行动方案，并举办生态年等活动将生态问题赋予全民意义。

（三）俄罗斯生态文化观念的特点

自然、宗教、文学和经济社会发展等因素不断影响着俄罗斯生态文化观念的形成和发展，通过分析我们可以看出，俄罗斯生态文化观念呈现出以下的规律和特点。

第一，对大自然的热爱是俄罗斯民族认同的重要因素之一，俄罗斯生态文化观念强调人与自然和谐共处，但始终未逃脱"人类中心论"的樊篱。俄罗斯人热爱自然、尊重生物多样性和自然价值，不断

---

① 余姝瑶：《俄罗斯对气候变化问题的挑战与应对》，《经济研究导刊》2012 年第 5 期，第 280 页。

研究认识自然规律和生态常识，体现出对自然、环境和人类健康的责任感和人文关怀；认同保护地球、保护自然环境，但是其核心的关注点是如何应对和解决生态问题和生态危机，虽然"生物中心论"和生态中心主义论调在不同阶段有所提及，但并未形成对现实的指导力量，仅仅停留在理论阶段。

第二，在国内层面，俄罗斯生态文化观念服务于俄罗斯内部需求、国家战略和国家经济发展。不同历史时期，俄罗斯的生态文化观念会根据俄罗斯内外部需求、国家战略和国家经济发展状况的变化进行转变。俄罗斯始终将生态环境保护作为国家内部问题来处理，虽然在某些历史时期存在生态文化观念的断层，但对于生态保护问题的重视程度呈现线性进步的特点，走过了从"环境保护"到"生态可持续发展"，从"绿色发展"到"生态安全"的发展阶段。现阶段，由于俄罗斯生态环境不断恶化、生物多样性不断减少，俄罗斯已将生态问题置于影响国家长期稳固发展、损害国家利益和个人利益、威胁国家安全的地位予以对待。

第三，在国际层面，俄罗斯生态文化观念服务于俄罗斯外交理念和国家对外战略，观念转变的底层逻辑是利益驱动。在指导国际生态合作实践中，对气候和生态环境变化的认知、对合作体系的理解、对俄罗斯在体系中身份的界定以及自身外交理念的影响决定了某一历史时期俄罗斯的对外生态文化观念。现阶段，由于国际生态合作有利于俄罗斯能源外交的发展，有利于其经济绿色转型和弥补低碳发展不足，从而解决俄罗斯经济发展问题，俄罗斯对外生态文化观念认同多边合作，认为保护大自然的议题可以使俄罗斯更加团结。虽然环保合作并非总是低成本，但人类以牺牲自然为代价的发展已经走到尽头，需要新的哲学发展观，设定主题和发展方向，从中获得政治和经济利益；应同亚洲、美洲、非洲和欧洲等的国家联合起来拯救地球。

三、俄罗斯生态政策现状与评析

俄罗斯生态文化观念是俄罗斯生态政策建构的指导原则，换言之，俄罗斯生态政策的构建体现着俄罗斯生态文化观念。

2017年4月19日俄罗斯总统普京签署第176号总统令，批准了《俄罗斯联邦生态安全战略（2025）》（以下简称《战略》），同时要求俄罗斯联邦政府在三个月内确定《战略》的实施方案①。《战略》是发展俄生态安全系统的基础文件，旨在维护国内经济领域的生态安全，保障国家长期稳固发展，维护国家利益，保障自然环境安全以及个人权益，规避自然或人为活动可能带来的危险。《战略》分析了俄生态安全现状及潜在的威胁，制定了应对威胁的方针措施，确立了预期发展指标。对此，本文对俄罗斯现阶段生态对内与对外政策进行评析。

俄生态系统的存在和稳定运转是衡量生态安全状况的重要指标。因此，俄罗斯在2025年前将以下几方面作为保障生态安全的优先领域：保护并修复自然生态系统，以维持良好的人类居住环境，保障经济和其他活动的开展；在不断增长的人为和自然压力影响下，保持生物多样性；查明并预防自然和经济活动中的生态安全威胁；合理利用、恢复和保护自然资源。

---

① УКАЗ ПРЕЗИДЕНТА РОССИЙСКОЙ ФЕДЕРАЦИИ. О Стратегии экологической безопасности Российской Федерации на период до 2025 года, 2017.04.19, http://government.ru/docs/all/111285/.

（一）俄罗斯对内生态政策现状

俄罗斯对内生态政策的目标是保持俄境内自然和半自然生态系统的稳定，在人为负荷不断变化的条件下，维持人类良好的生存条件，保证经济活动的进行，并应对各种自然现象产生的影响；创建并维持自然资源合理利用系统，促使居民能够长久使用各种必需的自然资源。

根据俄罗斯对内生态政策目标，应完成的任务有：（1）形成、发展并完善联邦、地区和城市的管理系统，减少或消除经济或其他活动对自然环境产生的不良影响，合理利用可再生和不可再生自然资源，预防自然灾害并消除其影响；（2）针对各类经济活动制定和实施相关措施，包括采用生态无害、节约资源和能源的工艺及设备，减少对自然环境的人为影响，合理利用自然资源；（3）建立并巩固特殊自然保护区体系，将其作为保护生物多样性和景观多样性的基础；（4）发展环境监测体系，并充实国家环境监测数据库，将其作为环保决策的基础；（5）拓宽执法范围，特别是边境地区执法范围，保护自然资源，尤其是俄罗斯境内的生物资源；（6）保证社会组织以及群众广泛参与到环境保护工作中，包括给群众提供真实可靠的环境信息，以及开展各种活动，提高群众环保意识。

除制定任务外，为达到国内生态政策目标，俄罗斯采取了一系列措施，包括完善联邦、地区和城市的环保机构体系；制订方案评估风险，评估现有的生态安全威胁；建立环保技术方法和技术资讯信息库；发展国家科研实验室和科研中心，研发有竞争力的技术和知识密集型产品；完善针对环保部门工作人员的人才培训系统；完善信息资源，促使社会团体和群众参与监督，以减少浪费自然资源及损害生态系统的行为；完善环境监测体系，以了解人为因素与环境状况、生物多样性状况之间的关系。

（二）俄罗斯对外生态政策现状

为保障生态安全的优先领域，俄罗斯对外生态政策的基本目标是预防和减少其他国家在俄境内从事经济活动时对生态系统以及俄公民生存环境产生的不良影响；保证俄可以无阻碍地使用国际水域内的自然资源。

根据俄罗斯对外生态政策目标，应完成的任务有：（1）积极参与由联合国、其他涉及俄罗斯利益的国际和国内组织举行的有关环境保护和自然资源利用的活动；（2）推动达成多边和双边国际条约，以降低对自然环境的不良影响，提高俄境内陆地和水生自然生态系统的安全性，保护生物和景观多样性；（3）与国际社会的环保组织积极合作，以保护俄境内良好的自然环境，确保自然资源不枯竭，维护俄罗斯的国家利益。

为达到对外生态政策目标，俄罗斯采取了一系列的措施：（1）为保护生物和景观多样性，加强国家自然保护区、领土和水域的保护，特别是提高边境区域的保护水平，并为这些区域的保护和发展赢取国际支持；（2）保证履行与邻国签订的双边协议，使用不同国际法律机制预防或降低对边境地区陆上和水生生物资源的危害；（3）与他国交换生物材料（种子、动植物生物体），恢复或增加俄境内的生物多样性；（4）在俄境内外组织科普展览、科学教育等活动，使公众减少对自然环境产生的不良影响，养成保护国家的自然资源的理念和意识。

（三）俄罗斯生态政策评析

在俄罗斯生态观念的影响下，俄罗斯生态政策呈现出务实主义风格，政策内外有别，并始终坚持"生态优先"原则，在生态信息传播和生态开放体系建设方面取得了一定的成功。

第一，俄罗斯生态政策的构建具有务实主义的特点。无论是对内政策还是对外政策，俄罗斯生态政策的制定目的都是维护国内的生态安全，保障国家长期稳固发展，维护国家利益，保障自然环境安全以及个人权益。换言之，俄罗斯生态政策制定的底层逻辑是利益驱动，这种特点影响不会随着时间变化而褪色。

第二，俄罗斯生态政策的构建内外有别。俄罗斯国内对环保的立法和环境保护措施的出台从未停止。俄罗斯已逐步形成立法、"国家—地方"落实相关政策规划、环保理念传播以及树立公民生态文明观的行动方案，主要任务就是改善俄罗斯的总体环境状况、保障俄罗斯联邦的生态安全、提高公民对自然资源的保护意识以及培养全社会的生态责任感。但生态对外政策的构建存在立场的不确定性，取决于其对于不同时期俄参与国际生态合作所能获得政治和经济意义的判断。

第三，俄罗斯生态政策的构建遵循"生态优先"原则。俄罗斯的生态文化建设内涵不断丰富、体系不断开放。2002年，生态文化建设被正式写入《俄罗斯联邦环境保护法》，其主要包括三方面内容，即生态教育、生态培训和生态观念普及。俄罗斯通过各层级机构、平台开展生态宣传，以培养公民的生态意识；发动全社会的力量开展生态教育普及和推广；定期发布国家生态年度报告，将国家最新的生态环境状态及针对生态环境问题采取的相应政策及措施等信息公开。

四、启示与建议

通过研究发现，俄罗斯生态哲学是俄罗斯生态文化观念的基础，具有融合性、宽泛性、矛盾性和实践性特点。在此基础上，受自然、宗教、文学、经济社会发展等因素的影响，俄罗斯生态文化观念逐渐发展和形成，热爱自然、尊重自然的价值、认同生态保护是俄罗斯生态文化观念不变的底色，但俄罗斯对内生态文化观念服务于俄罗斯国家战略和国家经济发展的需要，对外生态文化观念服务于俄罗斯外交理念和国家对外战略。受俄罗斯生态文化观念的影响，俄罗斯生态政策的建构呈现出务实主义风格，其战略利益不会随着时间而改变；政策内外有别，对内认同"生态优先"原则，积极开展生态立法、生态教育、生态培训和生态普及，而对外政策的构建存在立场的不确定性，取决于其对于不同时期俄参与国际生态合作所能获得政治和经济利益的判断。

以上研究结论对我国生态文明建设具有借鉴和启示意义，对中俄生态合作具有一定的参考价值。

第一，借鉴俄罗斯在生态文化建设方面的相关经验，建立包括生态教育、生态培训和生态普及"三位一体"的生态文化体系，是我国生态文明建设的重要发展方向。与此同时，加强生态文化的法律研究，起草并撰写相关生态文化的法律草案，推动生态文化立法进程势在必行。

第二，应注重新时代中国对内和对外生态政策的和谐统一。俄罗斯生态政策的内外有别及其以利益为导向的政策制定策略，不利于争取国际话语权。在制定生态政策过程中，中国应寻找"共同利益"，以构建新型的国际生态合作体系。在生态问题基础上，充分利用该议题与其他议题的联系，全面提升中国外交话语权。

第三，加强中俄生态合作，开展生态文明领域的合作，共建人类命运共同体。中俄生态合作有着坚实的基础，两国在中俄总理定期会晤委员会环保合作分委会这一合作机制下，逐渐建立起了多层次的生态合作体系。① 但是，中俄国际生态合作的层次和深度有待提高。习近平总书记指出："生态文明建设关乎人类未来，建设绿色家园是人类的共同梦想。保护生态环境、应对气候变化需要世界各国同舟共济、共同努力，任何一国都无法置身事外、独善其身。"② 我们不仅要在话语实践中以"人类命运共同体"理念作为国际生态合作话语的构建基础，形成有国际影响力的生态治理话语体系，而且在人类命运共同体建设中应加强中俄合作，尤其是在打破原有发达国家生态话语霸权方面的合作，争取战略空间，尽可能降低治理成本，提升效率。在合作过程中，也应关注到俄罗斯利益战略的务实风格，通过寻找共同利益点，以实现合作共赢。

---

① 陈韵莹、何芳：《中俄生态合作的现状及前景分析》，《东北亚经济研究》2018 年第 6 期，第 43 页。

② 习近平：《推动我国生态文明建设迈上新台阶》，《求是》2019 年第 3 期，第 13 页。

经济与合作

从离散到整合：
后疫情时代亚太区域经济合作的演进

沈陈　沈铭辉*

摘　要　当前，亚太区域经济合作存在多元离散的区域架构，集中体现为开放性地区主义、竞争性地区主义和排他性地区主义。作为多元亚太区域架构的共同目标，尽管亚太自由贸易区（FTAAP）短期内难以付诸实践，但其在亚太区域经济合作中的意义不应被低估和忽视。在亚太区域经济架构看似走向多元化、离散化的背后，仍然存在很强的推动亚太地区整合的动力机制。与其他区域经济架构相比，《区域全面经济伙伴关系协定》（RCEP）因其开放性、先进性和包容性特点，正在成为亚太区域经济整合的主要动力。在后疫情时代，《区域全面经济伙伴关系协定》应着眼于形势变化，推动亚太区域经济合作从多元离散走向包容整合。

关键词　亚太区域经济合作；《区域全面经济伙伴关系协定》；《全面与进步跨太平洋伙伴关系协定》；亚太自由贸

---

* 沈陈，中国社会科学院世界经济与政治研究所助理研究员；沈铭辉，中国社会科学院亚太与全球战略研究院研究员。

易区;《美墨加协定》

与欧洲、北美乃至非洲等地区不同,亚太区域经济合作缺少整合性合作架构,而表现为不同合作机制并存的多元离散特征。对此,学界从政治、经济乃至文化等不同角度给予解释。从政治层面看,有学者认为亚太地区出现中国、日本、东盟等不同主导力量,这些力量围绕区域主导权的竞争是造成地区架构多元的主要原因。[①] 从经济层面看,亚太地区存在大量的自由贸易协定,每个协定又规定了不同的关税减让和原产地规则,从而在该地区造成了交织重叠的"意大利面碗现象"。[②] 从文化层面看,有学者认为与重视法律化和制度化的西方文化不同,亚洲国家更加钟情于一种非正式、建设性和协商一致的决策风格,反映在区域制度建设上就是希望建立"软制度"而不是有约束力的"硬制度"。[③]

既有研究或是对具体区域贸易协定及其主导国家的个体讨论,或是对多个区域合作架构的比较分析。换言之,由于对亚太区域经济整合的前景研究较少,既有研究大多是基于亚太区域多元离散架构的现状研究,而缺少从整体角度思考亚太区域经济合作架构的互动与发展趋势。一方面,本文认同亚太自由贸易区(FTAAP)短期内难以付诸实践的观点,也无意预测亚太自由贸易区实现的具体时间;另一方

[①] Deepak Nair, "Regionalism in the Asia Pacific/East Asia: A Frustrated Regionalism?" *Contemporary Southeast Asia* 31, no. 1 (2008):110-142.

[②] Richard E. Baldwin, "Managing the Noodle Bowl: The Fragility of East Asian Regionalism," The *Singapore Economic Review* 53, no. 3 (2008): 449-478.

[③] Amitav Acharya, "Ideas, Identity, and Institution-Building: From the 'ASEAN Way' to the 'Asia-Pacific Way'?" *The Pacific Review* 10, no. 3 (1997): 319-346.

面，本文认为亚太自由贸易区作为多元亚太区域架构的共同目标，其在亚太区域经济合作中的意义不应被低估和忽视，因此要根据亚太地区的新形势做出新的分析和评估。鉴于此，本文在既有研究基础上，结合后疫情时代①亚太区域架构的最新进展，探析亚太区域经济合作从离散到整合的动力机制与可行路径。

一、亚太区域经济合作的离散架构

当前，亚太区域经济合作的离散架构大体体现为三个层次：第一层是亚太地区的整体合作，主要框架是亚太经济合作组织（APEC，以下简称"亚太经合组织"）和以此为基础的亚太自由贸易区；第二层是覆盖亚太部分地区的次区域和跨区域合作，主要包括北美、东南亚、东北亚等地区相关国家签订的自贸协议，以及《区域全面经济伙伴关系协定》（RCEP）和《全面与进步跨太平洋伙伴关系协定》（CPTPP）等跨区域合作；第三层是中美贸易冲突造成的地区外溢性影响。②这三个层次具体体现为开放性地区主义、竞争性地区主义和排他性地区主义。

（一）开放性地区主义

亚太经合组织是亚太开放性地区主义的代表。亚太区域合作的设想起源于20世纪60年代，日本经济学家小岛清（Kiyoshi Kojima）曾

---

① 所谓后疫情时代，是指以新冠肺炎疫情暴发为分水岭，国际社会进入的新历史时期，而非指疫情结束以后的时代。

② 张蕴岭：《新形势下的亚太区域经济合作》，《当代世界》2020年第11期，第11—16页。

建议由美国、日本、澳大利亚、加拿大、新西兰组成"太平洋—亚洲自贸区"。后由小岛清等人发起的"太平洋—亚洲自由贸易与发展"组织成为推广太平洋合作的主要社会力量。[①] 20世纪80年代，欧洲、北美等地区都出现了以经济合作为主要内容的地区整合浪潮，这一浪潮被一些学者称为"区域主义的新一波"（The New Wave of Regionalism），[②] 亚太经合组织正是在此背景下应运而生。1989年11月，亚洲太平洋经济合作部长级会议在澳大利亚首都堪培拉举行。1993年6月，亚洲太平洋经济合作部长级会议更名为亚太经合组织，并于同年11月在西雅图举行首次领导人非正式会议。亚太经合组织的成立体现了亚太区域经济合作从构想到实践的过程。

1994年，亚太经合组织制定了"茂物目标"，提出发达国家成员、发展中国家成员分别应在2010年和2020年以前实现贸易和投资自由化。1995年的《大阪行动议程》和1996年的《马尼拉行动计划》为实现"茂物目标"提出了具体路径，要求亚太经合组织成员各自制订的单边和集体行动计划，在关税、非关税、服务、投资等15个领域推动贸易和投资自由化。1997年温哥华会议提出部门提前自由化，即在《茂物宣言》的基础上选取9个部门提前实施自由化和6个部门准备提前实施自由化。1989—1996年，亚太经合组织成员的平均关税水平由15.4%降至9.1%，降低6.3个百分点，降幅达40.9%。无论从关税下降速度和幅度来看，亚太经合组织各成员均不同程度地超越了世

[①] Kiyoshi Kojima, "A Pacific Economic Community and Asian Developing Countries," *Hitotsubashi Journal of Economics* 7, no. 1 (1966): 17-37.

[②] Edward D. Mansfield and Helen V. Milner, "The New Wave of Regionalism," *International Organization* 53, no. 3 (1999): 589-627.

界贸易组织框架的水平。①

亚洲金融危机以后，以亚太经合组织为代表的亚太区域经济合作呈现出一定程度的停滞。美国因忙于反恐战争，在这一时期没有给予亚太区域经济合作过多关注。为了加快贸易自由化、投资自由化和地区经济增长，2004 年，亚太经合组织工商咨询理事会提出亚太自由贸易区设想。此后围绕亚太自由贸易区，美国、澳大利亚、加拿大等主张制定高水平开放的激进方案，这与印尼等东盟国家主张渐进发展的稳重方案发生分歧，2006—2009 年连续数年的领导人会议宣言一方面表示"认识到亚太自由贸易区所能带来的广泛收益"；另一方面又强调"建立亚太自由贸易区面临的挑战"，提出"对其建立的路径、方式进行深入研究"。亚太自由贸易区在 2010 年横滨亚太经合组织领导人非正式会议上获得突破性进展，会后通过的宣言把亚太自由贸易区的路径建设文件作为附件。此后，亚太经合组织继续发挥亚太自由贸易区孵化器的作用，启动亚太自由贸易区相关问题的联合研究以提供合作指导和智力支持。

（二）竞争性地区主义

"地区主义的多米诺理论"（Domino Theory of Regionalism）提出，某一地区加强经济一体化的努力必然会产生贸易和投资转向，非成员为避免自身经济利益受到损失，或者谋求加入该组织，或者组成新的

---

① 陈凤英：《面向 21 世纪的亚太经合组织：机遇与挑战》，《现代国际关系》1998 年第 4 期，第 25 页。

合作组织，进而导致了一系列区域合作组织的产生。① 该理论被用来解释欧盟成立以后，《北美自由贸易协定》（NAFTA）进一步加强和完善的原因。在亚太区域经济合作中，该理论仍然非常适用：亚洲金融危机后，东亚区域经济合作日趋活跃；由于担心自身被排除在传统东亚合作之外，美国发起《跨太平洋伙伴关系协定》（TPP）谈判，企图遏制东亚合作进程；面对《跨太平洋伙伴关系协定》咄咄逼人的攻势，东盟又提出开展《区域全面经济伙伴关系协定》谈判，以维护自身在亚太区域合作中的主导地位。东亚合作、《区域全面经济伙伴关系协定》、《跨太平洋伙伴关系协定》以及后来的《全面与进步跨太平洋伙伴关系协定》之间的互动形成了一种"多米诺骨牌"效应，亚太区域经济合作总体呈现出一种竞争性格局。

一是东亚合作。在1997年亚洲金融危机中，美国主导的国际货币基金组织（IMF）救援不力，不仅损害了国际货币基金组织自身的权威性，而且使亚洲各国深刻认识加强地区合作的重要性，清迈倡议等亚洲地区金融制度开始出现。由于亚太经合组织在亚太区域经济合作中成果越发有限，亚洲经济体借助地区金融合作兴起的有利形势，开始谋求构建新的地区贸易框架以振兴区域经贸发展。2000年11月，时任中国总理朱镕基在第四次中国与东盟领导人会议上提出在世界贸易组织承诺基础上，建设更加互惠的中国—东盟自由贸易区（10+1）。2001年，第五次中国与东盟领导人正式提出将在10年内建成中国—东盟自由贸易区。2002年，东亚研究小组（EASG）提出由东盟与中日韩三国组成"东亚自由贸易区"（10+3）的构想。2002年11月4

---

① Richard E. A. Baldwin, *Domino Theory of Regionalism* (Cambridge: Cambridge University Press, 1996).

日,《中国与东盟全面经济合作框架协议》签署。2004年1月1日,中国—东盟自由贸易区实施"早期收获计划",计划到2006年将约600项农产品的关税降为零。2010年1月1日,中国—东盟自由贸易区正式建立。

中国—东盟自由贸易区不仅为中国与东盟之间的全面经济合作提供了制度平台,也为东盟在亚洲地区构建其他10+1合作提供了参照。东盟还分别同日本、韩国、印度、澳大利亚和新西兰签订5个10+1自由贸易协定,获得了地区合作的"中心地位"。作为东亚地区最重要的两个经济体,日本传统上是本地区的"头雁",中国的经济体量则在21世纪头十年逐步追赶并超越日本。出于对中国日益增长的经济影响的防范,日本在本地区的东亚合作中更多地采取了"反应式"的应对战略,而非主动的区域合作战略。具体实践中,日本积极拉拢澳大利亚、印度等非传统东亚经济体加入东亚合作,强调所谓"自由与繁荣之弧",2006年,日本政府提出在10+3基础上,邀请澳大利亚、新西兰、印度,建立"东亚全面经济伙伴关系协定"(10+6),以此平衡中国在东亚合作中的影响力,但是客观上引发了区域经济合作方案的内部竞争。

二是美国发起的《跨太平洋伙伴关系协定》谈判及其后达成的《全面与进步跨太平洋伙伴关系协定》。随着中国崛起以及10+1、10+3等东亚合作机制的不断发展,美国担忧东亚地区可能会建立一个类似于欧盟的封闭性集团,从而导致所谓"太平洋界限"的形成。[①] 2009年,作为美国"重返亚太战略"的重要组成部分,奥巴马政府宣布发

---

① Bergsten C. Fred and Jeffery J. Schott, "Submission to the USTR in Support of a Trans-Pacific Partnership Agreement," *Peterson Institute for International Economics*, January 25, 2010.

起《跨太平洋伙伴关系协定》谈判。在美国的推动下，秘鲁和澳大利亚宣布加入《跨太平洋伙伴关系协定》谈判，越南与马来西亚也在2010年加入《跨太平洋伙伴关系协定》谈判。2011年11月12日，美国公布《跨太平洋伙伴关系协定纲要文件》。2012年10月，加拿大、墨西哥宣布加入谈判。2013年4月，日本经过长时间的犹豫和动摇以后正式宣布加入《跨太平洋伙伴关系协定》谈判，成为《跨太平洋伙伴关系协定》的第12个成员。

不过，《跨太平洋伙伴关系协定》谈判并没有在美国国内得到广泛支持。2016年2月4日，《跨太平洋伙伴关系协定》谈判达成并正式签署协议。由于美国内部分歧较大，美国国会多数议员对《跨太平洋伙伴关系协定》条款并不满意，《跨太平洋伙伴关系协定》在奥巴马任内没有提交国会批准。2016年11月，美国参议院宣布《跨太平洋伙伴关系协定》被正式搁置。2017年1月23日，特朗普就任总统后签署第一份行政命令，宣布美国正式退出《跨太平洋伙伴关系协定》。之后，2017年11月11日，日本经济再生担当大臣茂木敏充与越南工贸部长陈俊英在越南岘港举行新闻发布会，两人共同宣布除美国外的其余11国将继续推进《跨太平洋伙伴关系协定》谈判。其余11国在原有谈判的基础上，签署了新的自由贸易协定《全面与进步跨太平洋伙伴关系协定》。

三是以10+1为基础形成的《区域全面经济伙伴关系协定》。在《跨太平洋伙伴关系协定》的竞争下，东亚经济体终于达成设立货物贸易、服务贸易、投资工作小组的共同提案，为东盟正式推出《区域全面经济伙伴关系协定》奠定基础。2011年，东盟在印度尼西亚巴厘岛召开了第19次峰会，提出整合东亚地区已签订的5个10+1协定，最终促成一项全面地区经济伙伴协议。2012年，东盟和中国、日本、韩国、澳大利亚、新西兰以及印度领导人通过了一份关于《区域全面经济伙伴关系协定》的联合声明，计划于2013年5月启动《区域全面经济伙伴关系协定》首轮谈判以及在2015年底之前达成协议。尽管《区域全面经济伙伴关系协定》数次推迟达成协议的日期并出现印度退出谈判的情况，但包括中国在内的15个成员方仍于2020年11月15日签署了《区域全面经济伙伴关系协定》文本协议，并于2022年1月1日在已完成核准程序的10国内正式生效。《区域全面经济伙伴关系协定》是东亚地区参与成员最多、规模最大的贸易协定，具有较强的包容性。《区域全面经济伙伴关系协定》是对东亚既有自由贸易协定的整合，兼顾了各成员不同的发展水平、产业结构和经济模式。

(三) 排他性地区主义

所谓排他性地区主义，是指达成排除某个或某些经济体的区域合作机制，排他性的主要目的是约束挑战者。① 与小布什、奥巴马等前任总统不同，特朗普抛弃了美国长期以来引以为豪的多边主义谈判方式，转而以双边谈判方式进行谈判或者重新谈判，甚至干脆彻底退出已达成的协议。特朗普政府推行单边主义的一个主要原因是试图把中国排除在亚太区域经济合作进程之外，甚至与中国经济"脱钩"。排他性地区主义很大程度上是对亚太地区传统的开放性地区主义的极端应对，也是美国国内政治生态走向保守化、极端化的反映。

在双边贸易关系上，特朗普通过"贸易战"方式打击中国等主要

---

① 沈铭辉：《美国的区域合作战略：区域还是全球？——美国推动TPP的行为逻辑》，《当代亚太》2013年第6期，第70—94页。

贸易伙伴，迫使对方要么接受新的贸易规则，要么被排斥在美国市场之外。在地区贸易协定上，特朗普分别采取退出《跨太平洋伙伴关系协定》和重签《北美自由贸易协定》的不同策略。关于《跨太平洋伙伴关系协定》的成本收益分析表明，经济小国或许能够从《跨太平洋伙伴关系协定》中获益，但是对大国而言，《跨太平洋伙伴关系协定》基本没有经济价值。① 特朗普认为《跨太平洋伙伴关系协定》不能有效保护美国的利益，因此其上台后选择立即退出。在与加拿大、墨西哥重谈《北美自由贸易协定》的过程中，美国加入多处涉及中国的条款，比如约束缔约方与"非市场经济体"开展自由贸易谈判、打击汇率操纵行为、约束向国有企业提供不公平补贴等。新达成的《美墨加协定》（USMCA）第32条第10款限制成员与"非市场经济体"开展自贸谈判，被媒体称为美国阻挠伙伴方与中国磋商自贸协定的"毒丸"条款。《美墨加协定》中的"毒丸"条款提高了中国等所谓"非市场经济体"与有关国家开展自由贸易协定谈判的准入门槛，进而可能对中国采取亚太甚至全球经贸合作带来负面影响。

拜登政府上台后一定程度上延续了排他性地区主义。拜登反复批评特朗普采取单打独斗的贸易策略，强烈反对后者破坏多边贸易规则和随意加征关税的行为，并将努力纠正实施了四年的"美国优先"政策。从拜登政府公布的政策议程来看，美国重新重视国际组织和国际规则的作用，并与其亚洲、欧洲盟友修复关系。但美国无意返回《全面与进步跨太平洋伙伴关系协定》，针对中国的排他性贸易政策也将延续下去。尽管拜登政府质疑中美第一阶段贸易协议的有效性，另一

---

① 沈铭辉：《跨太平洋伙伴关系协议（TPP）的成本收益分析：中国的视角》，《当代亚太》2012年第1期，第6-34页。

方面又要求中国必须履行该协议中的承诺,并以此作为减免特朗普加征关税的前提条件。拜登政府还宣称在2022年启动"印太经济框架",该框架实际上将中国排除在外,其目的是加强与亚洲盟友的经济联系,同时制衡中国在本地区的经济影响力。

二、亚太区域架构从离散到整合的动力

尽管亚太区域经济合作具有明显的多元离散特征,但几乎每个区域架构都将亚太区域整合作为最终目标。在开放性地区主义层面,亚太经合组织是亚太区域合作的先行者,也是亚太自由贸易区的孵化器。在排他性地区主义层面,尽管美国的区域经济合作政策背后有"排除中国"(anyone but China)的倾向,但无论是亚太还是印太框架都着眼于强化地区整合。在竞争性地区层面,2010年11月,亚太经合组织领导人非正式会议通过了《建立亚太自由贸易区的可能途径》,该文件将10+3、10+6和《跨太平洋伙伴关系协定》等现有或规划中的自由贸易安排一道作为建设亚太自由贸易区的可行途径,逐步实现亚太区域经济一体化,[①]《区域全面经济伙伴关系协定》和《全面与进步跨太平洋伙伴关系协定》可被视为建设亚太自由贸易区的新的动力基础。

值得注意的是,多数区域架构在亚太区域合作整合方面存在能力缺陷。首先,亚太经合组织本质上是一种政府间论坛,缺乏将构想和倡议转化为政策的能力。亚太经合组织秉承"协调单边主义"的合作

---

① APEC, "Pathways to FTAAP, " https://www.apec.org/Meeting-Papers/Leaders-Declarations/2010/2010_aelm/pathways-to-ftaap.

方式,其成员在自愿参与和协商一致的基础上进行合作。例如,1994年提出的"茂物目标"只是对亚太经合组织成员的行动指导,各成员可根据自身情况制订单边行动计划;再如,亚太经合组织提出的部门提前自由化也是一种在自愿和单方面的基础上、以不针对第三国的方式推动的商品和服务市场开放。①

作为开放性地区主义的代表,亚太经合组织推动区域经济一体化的同时强调不妨碍多边贸易框架,与传统的、封闭排他的区域主义形成鲜明对比。实践证明,亚太经合组织提倡的非歧视、非约束原则有利于推动亚太区域经济合作的多元发展,但也因此带来了亚太经合组织成员之间的向心力不足问题,这也是"茂物目标"和部门提前自由化遭到挫折根本原因。1998年吉隆坡会议将关注点转向亚洲金融危机,部门提前自由化和"茂物目标"等地区自由化进程基本被搁置,亚太经合组织几乎沦为一个"清谈馆"。尽管亚太经合组织是亚太自由贸易区设想的首倡者,但随着其在推动亚太区域经济合作方面的作用不断下降,由亚太经合组织直接发起亚太自由贸易区谈判的可能性大大降低。

其次,美国在亚太地区推行排他性地区主义的努力并不成功,这一思路从短期和长远来看都缺乏可行性。以中美贸易竞争为例,特朗普政府意图通过征收关税来解决中美双边贸易不平衡,减少美国的贸易逆差。但事实上,由于美国对100多个国家存在贸易逆差,在多边贸易结构下,仅仅追求双边贸易平衡毫无意义。特朗普实施关税战后,美国对中国的贸易逆差继续扩大,制造业的工作岗位也没有被转

---

① John Ravenhill, *APEC and the Construction of Pacific Rim Regionalism* (New York: Cambridge University Press, 2002), p. xii.

移到美国本土，并且美国消费者要为加征关税而付出更多成本。在此背景下，拜登政府开始反思和纠正过去的关税战政策。

在区域经济架构上，无论是特朗普政府签订的《美墨加协定》，还是拜登政府发起的"印太经济框架"都在表面上宣称是"自由开放的"，但实际上具有很强的排他性，即把中国想象成威胁和竞争对手，并利用盟友和各种手段对华加以围堵遏制。美国试图通过新的区域经济架构和条款（如"毒丸"条款），逐步说服加拿大、日本、韩国乃至欧盟等其他主要贸易伙伴接受新协定的标准，阻断它们与中国达成自贸协定的努力，从而使中国在新的全球贸易秩序中被边缘化。

不过，从当前和今后的形势发展来看，美国强加于人、各个击破的谈判方式难以实现孤立中国的目标。新冠肺炎疫情暴发后，诸多国家纷纷采取限制出口、工厂回迁、边境管控等措施，加剧了过去已经出现的一些"去全球化"现象。面对新冠肺炎疫情以及由此引起的经济衰退，亚太地区各国亟须共同抵制贸易保护主义和单边主义，维护亚太地区开放与合作的大局。① 在中美贸易冲突仍未平息的情况下，日本、韩国、澳大利亚等美国盟友选择签署《区域全面经济伙伴关系协定》，与中国深化地区经济合作，表明至少在经济政策方面，这些国家不愿意在美国和中国之间做出选择。

最后，《跨太平洋伙伴关系协定》以及后来的《全面与进步跨太平洋伙伴关系协定》在规则引领上发挥了重要作用，在推动亚太区域经济方面则存在局限。作为高标准自由贸易协议的代表，《跨太平洋伙伴关系协定》以及后来的《全面与进步跨太平洋伙伴关系协定》涵

---

① 张蕴岭：《新形势下的亚太区域经济合作》，《当代世界》2020年第11期，第16页。

盖的内容非常广泛,包括货物贸易、原产地规则、关税程序、贸易救济措施、知识产权、政府采购、服务贸易、动植物卫生检疫措施、技术性贸易壁垒、竞争政策、争端解决机制、人员流动、知识产权、电子商务等。在货物贸易方面,《跨太平洋伙伴关系协定》以及后来的《全面与进步跨太平洋伙伴关系协定》要求成员分阶段完成几乎多数商品(90%及以上)零关税,并明确列出了各自的关税减让表;在服务贸易领域,《跨太平洋伙伴关系协定》以及后来的《全面与进步跨太平洋伙伴关系协定》成员采取负面清单原则。

由《跨太平洋伙伴关系协定》推进亚太自由贸易区曾是美国优先考虑的路径,杰弗里·肖特(Jeffrey J. Schott)提出应由《跨太平洋伙伴关系协定》逐步扩大为亚太自由贸易区,在扩展过程中,《跨太平洋伙伴关系协定》应适当降低某些高水平标准,以便与东亚原有的贸易安排对接,换取中国、东盟等亚洲国家的支持。[①] 东盟不是《跨太平洋伙伴关系协定》以及后来的《全面与进步跨太平洋伙伴关系协定》的参与主体,其作为一个整体也难以加入《跨太平洋伙伴关系协定》以及后来的《全面与进步跨太平洋伙伴关系协定》,而且由《跨太平洋伙伴关系协定》以及后来的《全面与进步跨太平洋伙伴关系协定》扩展到亚太自由贸易区必然会消解东盟的中心地位,东亚合作进程可能因此走向终结,这显然是东盟及其成员难以接受的。

由于美国近期不可能重返《全面与进步跨太平洋伙伴关系协定》,这也限制了《全面与进步跨太平洋伙伴关系协定》的地区影响力和整合能力。由于新冠肺炎疫情仍在肆虐,拜登政府的首要任务将是重振

---

① Jeffrey J. Schott, "Roadmap for the FTAAP: Take the TPP Turnpike," Presented at APEC Japan 2010 Symposium, Tokyo, December 9, 2009, https://piie.com/publications/papers/schott1209ppt.pdf.

经济，优先考虑新的经济刺激计划和基础设施建设，而其贸易政策也将围绕促进美国经济复苏等方面展开。加之宾夕法尼亚州、俄亥俄州和密歇根州等选举关键州对自由贸易持强烈反对态度，这些州2016年、2020年大选中扮演决定性角色，使得拜登不得不重视这些地区选民的贸易保护主义态度。在没有贸易促进权（TPA）的情况下，拜登上台后立即开展大型自贸谈判或大幅降低关税必然会遭到国会的强烈反对。因此，拜登强调其贸易政策将会与国内相关利益集团进行谨慎评估和深入讨论，在未满足本国的劳工和环境利益之前不会重返《全面与进步跨太平洋伙伴关系协定》。

与其他区域经济架构相比，《区域全面经济伙伴关系协定》因其开放性、先进性和包容性特点，正在成为亚太区域经济合作整合的主要动力。第一，《区域全面经济伙伴关系协定》延续了传统亚太区域经济合作的开放性。由于亚洲的经济水平和制度水平相较于发达国家而言较低，在形成合作以及深化合作的过程中需要大量吸收外界的有利因素为其所用，对外开放性决定了亚洲发展所能达到的广度。① 《区域全面经济伙伴关系协定》中的东亚成员普遍不愿意以削弱与美国等域外国家的传统关系为代价来专注于地区内合作，而是希望通过地区内的整合和地区外的联系获取双重的利益。② 因此，《区域全面经济伙伴关系协定》第20款规定：协定正式生效18个月后，《区域全面经济伙伴关系协定》将向包括美国在内其他经济体开放。对于已经宣布退出谈判的印度，《区域全面经济伙伴关系协定》成员仍然持欢迎态

---

① 姚帅：《新地区主义视野下的亚洲金融合作：根本问题及中国方案》，《深圳大学学报（人文社会科学版）》2018年第3期，第77页。

② 苏浩：《亚洲区域一体化进程与"10+1"合作》，《亚非纵横》2007年第1期，第24-29页。

度，即便协定正式生效以后，仍允许印度以创始成员身份重返《区域全面经济伙伴关系协定》。

第二，《区域全面经济伙伴关系协定》体现了新型自由贸易协定的先进性。《区域全面经济伙伴关系协定》的15个缔约方同意将取消90%商品的关税，在服务方面也做出高于各自"东盟+1"自贸协定水平的开放承诺。例如，在原有的"10+1"协定中，中国对东盟开放了33个服务贸易分部门，韩国对东盟开放了85个分部门，澳大利亚对东盟开放了85个分部门，新西兰则高达116个分部门。[①]《区域全面经济伙伴关系协定》的服务贸易开放涉及100多个部门，包括金融、电信、交通、旅游、研发等。此外，《区域全面经济伙伴关系协定》还在投资、知识产权、金融一体化、劳动力流动等方面进行了突破性尝试，顺应了新型地区自由贸易协定和亚太区域深度一体化的发展趋势。

第三，《区域全面经济伙伴关系协定》立足于亚太发展实际强调区域整合的包容性。其成员在经济体制、发展水平、规模体量等方面差异巨大，既有中国、日本等经济大国，也有柬埔寨、老挝等后进国家。如果采用统一标准，众多后进国家将很难参与到区域经济一体化进程中。因此，《区域全面经济伙伴关系协定》借鉴过往东亚合作的成功经验，充分考虑区域内经济体的多样性特征，在保持自由贸易的基础上充分满足各成员的基本诉求，给予欠发达成员一定的过渡期或例外条款。在货物贸易问题上，《区域全面经济伙伴关系协定》规定部分后进成员同期关税削减任务比其他成员要少，规定部分产品零关

---

① 袁波等著：《东盟对外签订的自由贸易协定比较研究》，中国商务出版社，2011年。

税可以保留20年的过渡期,一些敏感产品甚至可以持续到2040年。在服务贸易负面清单问题上,《区域全面经济伙伴关系协定》按照成员开放能力采取了双轨承诺方式:日本、韩国、澳大利亚、新加坡、印度尼西亚、马来西亚、文莱7个缔约方在协定生效后立即采用负面清单方式承诺;中国等其他8个缔约方先期采用正面清单方式承诺,并将在协定生效后6年内转化为负面清单。

三、后疫情时代推动亚太区域架构整合的路径

不难发现,亚太区域经济合作从离散到整合应基于三个前提:第一,区域架构整合必须建立在有一定约束力的硬性制度基础上,亚太经合组织等软性制度则不具备调动地区成员集体行动的能力;第二,亚太区域合作应包含地区主要国家,任何试图排除中国或美国的区域经济架构在经济和政治上都是不太现实的;第三,根据亚太地区成员的发展差异,区域架构整合必须照顾到各方的舒适度,通过关税优惠和其他过渡性措施,避免出现某些国家在区域合作中被边缘化的现象。从这个意义上说,《区域全面经济伙伴关系协定》有能力实现一个既服务亚太地区贸易投资开放、有助于实现可持续发展目标,又能满足亚太地区多样性特征和需求。[①] 在后疫情时代,《区域全面经济伙伴关系协定》应着眼于形势变化,从如下路径实现亚太区域架构的整合。

第一,推动地区经济复苏和供应链重构。《区域全面经济伙伴关

---

① 沈铭辉:《构建包容性国际经济治理体系——从TPP到"一带一路"》,《东北亚论坛》2016年第2期,第75-86页。

系协定》能否推动亚太区域结构的整合,归根结底依赖自身的有效性(助推区域经济复苏)和嵌入性(符合地区供应链的发展需要)。作为世界三大经济圈之一,东亚地区的经济一体化长期落后于欧洲和北美。《区域全面经济伙伴关系协定》是在新冠肺炎疫情的背景下签署的,是亚太地区经济一体化的重大胜利。中国、日本和韩国是东北亚地区的经济重心,国内生产总值(GDP)分别位居世界第二、第三和第十一,这是第一个让中国、日本和韩国这三大经济体走到一起的自贸协定,结束了东亚长期没有地区统合贸易协定的历史,东亚的整体地位将因此得到提升。按照目前的增长态势,即使印度不重返《区域全面经济伙伴关系协定》,亚太地区内部的贸易规模仍有望超过该地区与北美、欧洲的贸易总和。[①] 可以说,《区域全面经济伙伴关系协定》的签署强化一个早已存在的发展趋势,即全球经济重心将持续向亚太地区转移。

  新冠肺炎疫情扩大地区供应链协作和沟通的需求,要求地区国家构建一种更具合作性、互惠互利的供应关系。为了保东亚生产网络的可持续发展,降低疫情等外部冲击对东亚区域供应链的破坏,需要进一步加快经济一体化进程,形成东亚区域内生性增长动力。[②] 在此背景下,《区域全面经济伙伴关系协定》大幅取消缔约方之间的关税和其他贸易壁垒,在协定内部实行统一的、可累积的原产地规则,这些规则意味着亚洲经济体之间要素流动的成本大大下降,实现亚洲地区产业链供应链的纵向巩固。随着东亚地区成为后疫情时代全球经济复

---

  ① 沈铭辉、郭明英:《大变局下的〈区域全面经济伙伴关系协定〉:特征、影响与机遇》,《当代世界》2021年第1期,第46页。
  ② 沈铭辉、李天国:《后疫情时代的国际秩序与东亚区域合作》,《当代世界》2020年第8期,第41—47页。

苏的引领者，《区域全面经济伙伴关系协定》在供应链安全、技术标准、设施建设、商业运营、数据流动、知识产权保护等方面的共识将会不断扩展和外溢到其他亚太地区成员，进一步优化地区产业链和供应链的布局，从而最大限度地降低新冠肺炎疫情对亚太生产网络造成的负面影响和发挥亚太区域经济的规模效应。

第二，做好亚太区域经济合作的成员兼顾。《区域全面经济伙伴关系协定》与《全面与进步跨太平洋伙伴关系协定》的成员存在很多交叉，二者整合可作为亚太区域架构整合的优先步骤。《全面与进步跨太平洋伙伴关系协定》由日本主导，包括11个经济体；一是日本、澳大利亚、加拿大、新加坡、新西兰等发达国家，《全面与进步跨太平洋伙伴关系协定》的高水平规则正是来自这些发达国家的国内法律法规；二是智利、文莱、秘鲁等中小型开放经济体，其本身已经大幅削减关税壁垒，并积极同世界主要经济体开展自由贸易谈判；三是越南、马来西亚、墨西哥等新兴经济体，其参与《全面与进步跨太平洋伙伴关系协定》的主要目的是更便利地进入发达国家市场，发展本国出口工业。《区域全面经济伙伴关系协定》坚持以东盟为中心，共有15个成员，其中7个成员同时也是《全面与进步跨太平洋伙伴关系协定》成员，占《全面与进步跨太平洋伙伴关系协定》成员数量的近2/3。

当然，《区域全面经济伙伴关系协定》与《全面与进步跨太平洋伙伴关系协定》的交叉融合只是亚太区域整合的步骤之一，由于中、美是亚太地区最重要的两个经济体，在美国短期内不可能重返《全面与进步跨太平洋伙伴关系协定》的前提下，亚太区域经济合作最终仍要落脚到中美双边经贸关系上。由于特朗普政府的关税战政策没有取得预期的效果，并且随着时间推移，这些关税正在失去对贸易的杠杆效应，拜登政府开始寻求调整对华经贸政策。尽管中美暂时很难达成贸易自由化协议，但两国经贸关系的缓和能够为亚太区域经济整合创造更好的宏观环境。此外，还要关注某些没有被区域贸易谈判覆盖的地区成员。例如，俄罗斯、巴布亚新几内亚作为亚太经合组织成员，既没有参与《全面与进步跨太平洋伙伴关系协定》或者《区域全面经济伙伴关系协定》，短时间也不可能参与或发起其他高水平谈判；柬埔寨、缅甸等国虽然是《区域全面经济伙伴关系协定》谈判的成员，却非亚太经合组织成员。因此，实现亚太自由贸易区一方面要关注《区域全面经济伙伴关系协定》与《全面与进步跨太平洋伙伴关系协定》的成员交叉所产生的融合作用，另一方面要关注未被区域贸易架构覆盖的地区成员的角色和影响。

第三，加强对《全面与进步跨太平洋伙伴关系协定》等高水平贸易协定的借鉴。长期以来，由于亚太经济体基本上是世界贸易组织的成员，世界贸易组织规则是亚太地区贸易和投资治理机制的主要组成部分。但随着多边规则在推动世界市场深度开放方面陷入瓶颈，加上美国频繁采取单边手段挑战世界贸易组织框架，多哈回合谈判久拖不决，区域、跨区域、双边等贸易协定谈判逐渐成为亚太区域经济合作的主要形式。《跨太平洋伙伴关系协定》以及后来的《全面与进步跨太平洋伙伴关系协定》等高水平区域贸易协定远远超过货物贸易、服务贸易和投资的世界贸易组织框架分类，加入竞争政策、环境和劳工标准等边界内议题。尽管《区域全面经济伙伴关系协定》也致力于达成高标准的新一代贸易规则，但在涵盖领域和合作水平上，《区域全面经济伙伴关系协定》与《全面与进步跨太平洋伙伴关系协定》相比仍有一定差距。

鉴于《全面与进步跨太平洋伙伴关系协定》所倡导的新型区域贸易协定很大程度上代表着亚太区域深度一体化的发展方向，《区域全面经济伙伴关系协定》在借鉴《全面与进步跨太平洋伙伴关系协定》规则、完善自身规则制定时，要有一定的前瞻性和自信心。横向来看，无论是《跨太平洋伙伴关系协定》、《全面与进步跨太平洋伙伴关系协定》、《美墨加协定》，还是《日欧经济伙伴关系协定》，其涉及的领域与贸易议题是高度重合的，在贸易自由化和深度一体化方面，也有着同样的政策导向。当前，区内的日本、韩国、新加坡等发达经济体以及其他发展中经济体都认识到了新一轮全球贸易体系重构的紧迫性，各经济体在对外贸易谈判过程中，也都对《全面与进步跨太平洋伙伴关系协定》代表的国际经贸新规则表现出了越来越高的认可度。下一阶段，无论是以亚太自由贸易区或者其他区域贸易架构来统合亚太地区，其包含的贸易议题要素不可避免地需要反映全球贸易体系重构的方向，这样才能在制度上更加体现先进性，而成员上也能够更好地包容地区内的经济体，以推动亚太区域经济合作整合。

第四，引领网络和数字经济的规则制定。新冠肺炎疫情在冲击传统货物贸易的同时，却在客观上提升了大数据、人工智能、5G等新技术的重要性，使得数字经济成为越来越重要的经济形态。就全球化发展阶段而言，可称为以信息化、智能化技术的发展为推动力的网络全球化时代已经到来。[1] 网络全球化有利于打破地理限制，消除中心—边缘结构的束缚，使处于边缘的发展中国家更好地融入全球经济合

---

[1] 张蕴岭：《疫情加速第四波全球化》，《文化纵横》2020年第3期，第45-52页。

作，有利于促进地区和全球经济合作向去中心的多样化方向发展。网络和数字经济的崛起代表着一种深刻的变革，不仅成为全球经济中增长最快的组成部分，还在深刻改变地区合作的结构与形态。

与此同时，由于种种原因，全球数字治理总体滞后于数字经济的发展现实，《服务贸易总协定》（GATS）和《信息技术协定》（ITA）等多边协定缺乏关于数字经济规则的系统设计。鉴于此，《区域全面经济伙伴关系协定》应高度重视网络全球化和数字经济领域的规则完善，这既有利于推进亚太地区物流网络、大数据网络、数字化网络的开放与合作，也有利于填补相关规则空白，提升自身在全球和区域经济合作架构中的话语权。在《区域全面经济伙伴关系协定》成员中，印尼等发展中国家与日本等发达国家在电子商务谈判中分歧巨大，导致前者拒绝在二十国集团的《大阪数字经济宣言》上签字。上述问题在《区域全面经济伙伴关系协定》文本中也有不同程度的体现，例如《区域全面经济伙伴关系协定》文本在电子商务和跨境数据方面尚存在较大空白，在新金融服务、信息转移和处理等条款上也持宽松态度。因此，《区域全面经济伙伴关系协定》今后可加强在网络和数字经济方面的规则完善，为引领亚太地区的数字经济合作打下坚实基础。

四、结论

与2004年亚太经合组织工商咨询理事会提出亚太自由贸易区设想、2010年亚太经合组织横滨峰会通过《建立亚太自由贸易区的可能途径》的时期相比，亚太区域经济合作发生了复杂而深刻的变化。时至今日，亚太经合组织工商咨询理事会设想亚太自由贸易区谈判仍未有端倪，再加上中美贸易冲突、新冠肺炎疫情对亚太和全球经贸合作的冲击，使得各方对亚太经济合作的预期降低。但也要看到，东亚地区在疫情背景下达成的《区域全面经济伙伴关系协定》，日本等国在美国退出的情况下达成的《全面与进步跨太平洋伙伴关系协定》，甚至美国试图达成的"印太经济框架"在很大程度上都是以地区整合为目标的。换言之，在亚洲区域经济架构看似走向多元化、离散化的背后，仍然存在很强的推动亚太地区整合的动力机制。

当前，《区域全面经济伙伴关系协定》因其开放性、先进性和包容性特点，正在成为亚太区域经济整合的主要动力。在后疫情时代，《区域全面经济伙伴关系协定》应致力于推动亚太地区更加开放、价值链更大整合以及原产地累积规则更加广域，推动东亚、亚太乃至全球的经济复苏和供应链重构。在规则制定上，一方面要主动借鉴《全面与进步跨太平洋伙伴关系协定》等高标准规则，这是《区域全面经济伙伴关系协定》推动亚太区域经济整合的必由之路；另一方面要覆盖现有贸易协定范围之外的地区成员，特别是中美两国之间的贸易关系将越发影响亚太区域经济合作的趋势和节奏。从长期来看，数字贸易规则制定将成为未来经贸谈判的核心内容之一，因此，《区域全面经济伙伴关系协定》应适时启动升级谈判，在未来亚太地区的数字经济整合中占得先机。

青年学人

"21世纪海上丝绸之路"倡议下的中国海洋秩序观：
分析框架、内涵与远景展望[*]

孟晓宇　张景全[**]

摘　要　进入21世纪以来，中国海洋事业虽蓬勃发展，但在现有海洋秩序中，中国与其他国家或行为体间的摩擦和碰撞却逐渐增多。为长远计，中国应适时提出自身的海洋秩序观。海洋秩序观是对海洋秩序的观念配置和顶层设计，具体表现为对海洋秩序构建主体、功能、实践路径的思考与安排。基于中国官方的相关海洋论述以及"21世纪海上丝绸之路"倡议的丰富实践，中国倡导的海洋秩序观在秩序构建主体上形成了多元开放、利益兼容原则；在秩序功能上，中国综合时代现状、海洋认知、自身的理念基底与思维视角，致力于构建"命运与共"的关系态势；在实践路径上，秉承

---

[*] 本文为教育部人文社会科学规划基金项目"海洋政治学的中国话语构建研究"（19YJAGJW009）系列研究成果之一；同时，本文也是"中韩自贸区对我省的影响及应对策略研究"（20160418027FG）的成果之一。

[**] 孟晓宇，山东大学东北亚学院2019级硕士研究生，主要研究方向：海洋战略、国际关系理论；张景全，山东大学国际问题研究院副院长、山东大学东北亚学院副院长、教授、博士生导师，主要研究方向：海洋政治、国际关系理论。

"海陆统筹",协调海权与陆权间关系,推动优势互补下的海陆合作。中国海洋秩序观以"海洋命运共同体"的包容与开放精神贯穿始末,其作为观念性的国际公共产品,彰显了人类共同价值,对于推动中国海洋强国战略的发展,助力国际海洋秩序科学合理化变革,具有重要意义。

关键词 海洋秩序观;"21世纪海上丝绸之路"倡议;海洋命运共同体;海陆统筹

进入21世纪以来,基于海洋实力的增长以及民族复兴的伟大梦想,中国海洋事业蓬勃发展。然而现有海洋秩序与中国的海上兴起及海洋实践逐渐产生了一定的张力与摩擦。[①] 美国及其盟友秉承的"自由航行"海洋霸权秩序以各国互动时的形式平等掩盖了海洋实力结构对比下的实质不平等。[②]《联合国海洋法公约》(United Nations Convention on the Law of the Sea)所代表的海洋法律秩序致力于促成海洋"自由化"和海洋"主权化"的妥协,但在其生效后仍无法协调这两种竞争性逻辑,模糊的规定被当作为己而战的工具,任意解读。[③] 因此,如何推动国际海洋秩序的变革是关系中国社会福祉和国际秩序公平的必答题。中国应适时提出自身的海洋秩序观,一是为了提升中国海洋话语权,澄清对海洋秩序的合理诉求;二是为国际或区域海洋秩序的建设提供理论选择,展现大国担当。

---

① 胡波:《中国海上兴起与国际海洋安全秩序——有限多极格局下的新型大国协调》,《世界经济与政治》2019年第11期,第5页。

② 郑志华:《中国崛起与海洋秩序的建构——包容性海洋秩序论纲》,《上海行政学院学报》2015年第3期,第102页。

③ 齐皓:《东亚海洋争端与海洋秩序的演变》,《国际政治科学》2018年第3期,第9页。

"21世纪海上丝绸之路"倡议是中国海洋实践的宏伟构想,在尊重以《联合国海洋法公约》为核心的海洋法律秩序以及《联合国宪章》宗旨和原则的基础上,推动当前海洋秩序朝着更加公正合理、科学有效的方向发展。

"21世纪海上丝绸之路"倡议已历时八年,但国内外对中国海洋秩序观的研究并不尽如人意。国外学者虽对中国海洋秩序观的直接研究较少,但从其对"21世纪海上丝绸之路"以及南海争端等问题的阐述可折射出,"中国试图抢占地缘优势,建立海洋霸权秩序"的观点在西方具有广阔市场。西方固守现实主义分析框架,曲解了中国的海洋秩序观。[①] 中国学者从中国海洋实力、传统文化以及现存海洋秩序的不足等角度出发,以中国海洋战略与政策和中国特色外交理念为依据,提出应建构"和谐、合作、包容、去霸权以及基于规则"的海洋秩序观。[②] 中国学者的研究逐渐涉及"海洋秩序观"这一概念,但并

---

① 西方学界、智库以及媒体倾向于以"地缘政治""政治经济学"以及"霸权观"等作为分析框架,认为中国的海洋建设,尤其是"21世纪海上丝绸之路"倡议,是抢夺地缘优势,以经济手段谋求政治利益的海洋霸权秩序观。参见 Jean-Marc F. Blanchard, Colin Flint, "The Geopolitics of China's Maritime Silk Road Initiative," *Geopolitics* 22, no. 2 (2017): 223–245; David Brewster, "Silk Roads and Strings of Pearls: The Strategic Geography of China's New Pathways in the Indian Ocean," *Geopolitics* 22, no. 2 (2017): 269–291; Theresa Fallon, "The New Silk Road: Xi Jinping's Grand Strategy for Eurasia," *American Foreign Policy Interests* 37, no. 3 (2015): 140–147; Colin Flint, Cuiping Zhu, "The geopolitics of connectivity, cooperation, and hegemonic competition: The Belt and Road Initiative," *Geoforum* 99 (2019): 95–101; Jamie Tarabay, "With Sri Lankan port acquisition, China adds another 'pearl' to its 'string'," *Cable News Network*, February 5, 2018, https://edition.cnn.com/2018/02/03/asia/china-sri-lanka-string-of-pearls-intl/index.html。

② 具体参见朱芹、高兰:《去霸权化:海洋命运共同体叙事下新型海权的时代趋势》,《东北亚论坛》2021年第2期;冯梁:《构建海洋命运共同体的时代背景、理论价值与实践行动》,《学海》2020年第5期;陈吉祥:《构建"善治"的新型海洋秩序》,《人民论坛》2019年第10期;胡波:《中国海上兴起与国际海洋安全秩序——有限多极格局下的新型大国协调》,《世界经济与政治》2019年第11期;郑志华:《中国崛起与海洋秩序的建构——包容性海洋秩序论纲》,《上海行政学院学报》2015年第3期。

未对其进行界定和理论建构,且倾向于以内涵宏大、晦涩的哲学价值词汇来对其进行描述。

结合全球海洋治理的理念需求以及"21世纪海上丝绸之路"倡议的实践经验,本文以中国倡导的"海洋秩序观"作为研究对象。首先对"海洋秩序观"进行概念剖析,然后以此为理论框架并结合"21世纪海上丝绸之路"的经验启示引申出中国倡导的海洋秩序观。

一、海洋秩序观的分析框架

本文的核心概念为"海洋秩序观",其在国内外学界尚未被明确界定。但是鉴于"海洋秩序"和"海洋秩序观"的内在联系和易混淆的特征,本文选择从"海洋秩序"到"海洋秩序观"的路径,既借用"海洋秩序"既有的研究成果,又对以上概念进行辨析。

(一)"海洋秩序"的概念考察

西方海洋国家以海立国,对海洋理念的研究具有先发优势。但经文献梳理发现,西方学界对"海洋秩序"一词的关注度较低,而"国际秩序"出现的频率却非常高。鉴于海洋秩序是国际秩序在海洋领域的价值规范体现,[①]且历史上西方海洋国家治下的"海洋秩序"是"国际秩序"的关键影响要素,二者具有核心一致性,因此西方学界的"国际秩序"理论对"海洋秩序"的概念探索具有重要意义。

西方学界对"国际秩序"的阐述具有鲜明的学派特征。英国学派

---

① 胡波:《中国海上兴起与国际海洋安全秩序——有限多极格局下的新型大国协调》,《世界经济与政治》2019年第11期,第8页。

代表人物赫德利·布尔（Hedley Bull）认为，国际秩序是维持国家或国际社会基本或主要目标的行为模式。① 现实主义学派认为国际秩序是无政府状态下权力分配的结果。自由主义学派则对机制与制度青睐有加，约翰·伊肯伯里（G. John Ikenberry）提出政治秩序是国家集团的"治理性"安排，包括基本规则、原则和制度。② 鉴于对"观念"的推崇，建构主义学派指出国际秩序是行为体激烈互动后的理念结果。③ 西方学者从自身理论范式出发建构国际秩序的内涵，虽聚焦于学派核心理论要素，但忽视了海洋秩序作为国际秩序的构成要素。

中国学界对"海洋秩序"的阐述已形成一定规模，其对"海洋秩序"的重视来源于海洋实践的现实需求，中国海洋实践的迅猛发展，需要海洋理念引领性作用的加持。笔者认为，国内学者对"海洋秩序"的内涵具有较大的认知共性，普遍认为：海洋秩序是一种相对稳定的海洋关系态势，这种态势主要反映了海洋权力的分布、机制的安排和观念的配置，部分情境下海洋秩序是霸权的产物和国际公共产品。④ 国内学者的"海洋秩序"研究具有后发优势，借鉴西方流派之

---

① 赫德利·布尔：《无政府社会——世界政治中的秩序研究》，张小明译，上海人民出版社，2015，第11页。

② G. 约翰·伊肯伯里：《胜利之后：战后制度、战略约束与秩序重建》，严匡正译，上海社会科学院出版社，2021，第20页。

③ Alexander Wendt, *Social Theory of International Politics* (Cambridge: Cambridge University Press, 2003), p.313.

④ 参考阎学通：《无序体系中的国际秩序》，《国际政治科学》2016年第1期，第13页；齐皓：《东亚海洋争端与海洋秩序的演变》，《国际政治科学》2018年第3期，第3-4页；吴士存、陈相秒：《论海洋秩序演变视角下的南海海洋治理》，《太平洋学报》2018年第4期，第26页；宋德星、程芬：《世界领导者与海洋秩序——基于长周期理论的分析》，《世界经济与政治论坛》2007年第5期，第99页；牟文富：《海洋元叙事：海权对海洋法律秩序的塑造》，《世界经济与政治》2014年第7期，第65-67页；胡启生：《海洋秩序与民族国家》，黑龙江人民出版社，2003，第27页；李亚敏、杨值珍：《国际海洋秩序演进中的中国》，《新远见》2007年第2期，第64页。

所长，融合中国文化之特性，呈现出构成要素多元化，重视秩序本质属性，兼顾秩序内涵与形式的特点。① 但中国学者提出的海洋秩序构成要素较多，不利于概念解读。

综合国内外学者对"海洋秩序"的论述，笔者将"海洋秩序"定义如下：海洋秩序是以海洋硬实力和软实力为形成基础，以特定的价值理念为指导，以规则和机制为表现形式的海洋各要素间的有序态势。为了更好地理解"海洋秩序"，我们仍需对以下几点进行理解：第一，海洋秩序重在调节海洋要素间关系，致力于实现有序的海洋社会，即便只是暂时的有序；第二，行为体的海洋实力是海洋秩序形成的基础。海洋实力并不囿于海洋军事力量，海洋话语权、海洋理念等软实力亦可为海洋秩序提供合法性与影响力；第三，海洋秩序在形式上呈现为或是明文规定或是心照不宣的机制和制度；第四，具体的海洋秩序并不总是正义的化身，强权下海洋利益的不合理分配并不具有合法性。

（二）"海洋秩序观"的概念与构成要素

"观念"是在实践中形成的对某一事物的总体认识。因此，我们可在广义上将"海洋秩序观"界定为"对海洋秩序的观念偏好或顶层设计"，是建立海洋秩序的软实力之一，对构建海洋秩序起到指导作用，并依主体而发生变化，具有多元化特点。

然而，广义概念尚不足以作为分析框架来探讨中国倡导的海洋秩序观，需将此概念进行解构——"海洋秩序观"的构成要素有哪些？

---

① 阎学通：《无序体系中的国际秩序》，《国际政治科学》2016年第1期，第13页。

经分析,笔者认为"海洋秩序观"的构成要素包括"海洋秩序构建主体""海洋秩序功能"以及"海洋秩序实践路径",该结论来源于以下两点原因。一方面,从笔者对"海洋秩序"的定义中引申出了三个必答题——哪些海洋主体可以参与海洋秩序的建设?理想的海洋关系态势是什么?以何种方式将海洋实力转化为秩序结果?以上三个问题分别对应了"海洋秩序构建主体""海洋秩序功能"以及"海洋秩序实践路径"。另一方面,国内外主流学派海洋秩序观(或国际秩序观)的分歧也主要集中在以上三点(见表1)。

表1 国内外国际关系主流学派海洋秩序观(或国际秩序观)的分歧

主流学派	秩序构建主体	秩序功能	实践路径
现实主义学派	无政府状态下的霸权国或大国主导	维护和平与国家安全	维持权力均势、建立霸权
自由主义学派	霸权国主导 次要国家参与	实现合作,维持霸权	通过国际机制(集体安全、国际组织、相互依赖、多边主义等)提供奖惩、降低成本、约束霸权、保障弱国
建构主义学派	大国主导 次要国家参与	实现特定目标	通过行为体间互动,建立国际规范
英国学派	多元主体	维护国际社会存续、和平、国家主权独立以及契约的践行	建立共同利益、均势、国际法、战争、外交机制、大国管理体系
中国学派	各国平等参与	实现行为体间利益和谐	国际机制、多边主义

资料来源:笔者根据国内外国际关系理论经典著作整理而成。

"海洋秩序构建主体"是指能够参与海洋秩序建设,且诉求可得到一定程度尊重与满足的行为体。海洋秩序并不必然反映所有秩序内行为体的诉求,满足谁的诉求以及多少诉求由行为体的海洋实力决定。海洋秩序构建主体的多寡与海洋秩序的正义性、稳定性呈正相关。

如图1所示，国内外学派对海洋秩序（或国际秩序）构建主体的认知并不相同。现实主义理念下的国际秩序是国家权力结构稳定后的产物，而能够左右权力结构的主要是霸权国或势均力敌的大国。大部分学派鉴于秩序的合法性和稳定性而要求多元主体参与秩序的构建。例如自由主义、建构主义以及英国学派分别要求在多元主体基础上建立普遍的制度、规范以及共同利益观念。① 但多元主体的参与并非主体间关系的平等，更多的情况下只是大国利益间的妥协。中国学者则强调国家间的平等民主关系，认为各国的利益与诉求应当得到平等的尊重。

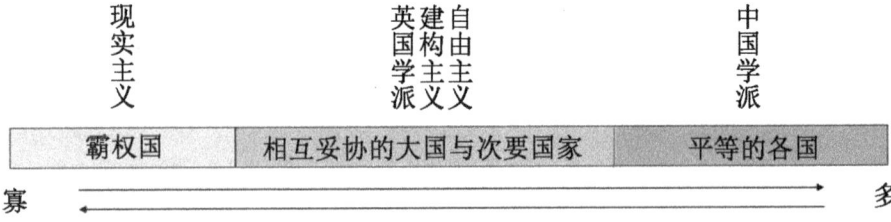

图1 国内外主流海洋秩序观（或国际秩序观）对秩序构建主体的认知差异

资料来源：笔者根据国内外国际关系理论经典著作整理而成。

"秩序功能"是海洋秩序的目标导向。"秩序"意指有序的状态，然而不同的主体对"有序"的理解却是大相径庭。赫德利·布尔认为国际秩序只能实现国际体系和国际社会的生存，国家的独立或外部主

---

① 参见 G. 约翰·伊肯伯里：《胜利之后：战后制度、战略约束与秩序重建》，严匡正译，上海社会科学院出版社，2021，第26页；赫德利·布尔：《无政府社会——世界政治中的秩序研究》，张小明译，上海人民出版社，2015，第18—20页；Alexander Wendt, Social Theory of International Politics (Cambridge: Cambridge University Press, 2003), p. 313。

权、和平无战争以及限制暴力行为等低级目标。① 无政府主义的理念基底使布尔没有对国际秩序寄予厚望。同样，现实主义学者从悲观的人性和权力结构出发，认为维护自身的安全已是不易。而以新自由制度主义为代表的自由主义学派鉴于武力冲突的高昂成本，理性地选择了低成本高效益的制度合作方式，将"合作"作为国际关系的主题。② 中国学者则继承了传统文化，致力于实现和谐秩序，使秩序要素间处于对称平衡、相宜相生、和衷共济的状态。③ 图2展现了国内外主流学派对海洋秩序观（或国际秩序观）秩序功能的认知差异及价值的高低之分。

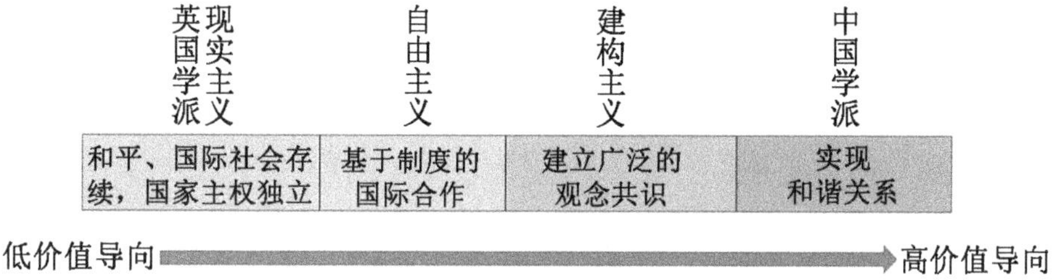

英国学派 现实主义	自由主义	建构主义	中国学派
和平、国际社会存续，国家主权独立	基于制度的国际合作	建立广泛的观念共识	实现和谐关系

低价值导向 ⟶ 高价值导向

图2 国内外主流海洋秩序观（或国际秩序观）的秩序价值功能比较

资料来源：笔者根据国内外国际关系理论经典著作整理而成。

"实践路径"是实现海洋秩序功能的路径选择。现实主义学派强调权力结构对秩序的构建和维持作用，其认为任何时期的国际秩序都是对体系内国家权力分配的体现。均势权力结构和霸权权力结构是形成国际秩序的核心途径，亨利·基辛格（Henry Kissinger）指出，"规

---

① 赫德利·布尔：《无政府社会——世界政治中的秩序研究》，张小明译，上海人民出版社，2015，第18-20页。

② 秦亚青：《国际制度与国际合作——反思新自由制度主义》，《外交学院学报》1998年第1期，第2页。

③ 易超：《和谐哲学原理》，重庆大学出版社，2007，第42页。

则被破坏后实现自我克制的权力均势"是国际秩序的基础之一。① 而"霸权稳定论"则认为秩序由霸权国构建并维持，霸权国会利用权力来梳理国家之间的关系。国际关系学界诸多学者也关注到了"制度"的作用，尤其是自由主义学派，其关注法律、制度、道义和原则等，推崇以国际制度为核心的国际秩序。② 罗伯特·基欧汉（Robert O. Keohane）认为霸权之后的合作因国际机制的创设而成为可能，机制培育了合作。③ 约翰·伊肯伯里指出，正是制度对霸权国的约束以及制度对弱国的保障才使得二战后的宪政秩序维持如此之久，并使冷战后美国无与伦比的霸权地位并未招致其他国家的联合制衡。④ 由此可见，自由主义学派虽也认同权力要素对秩序的影响，但更强调制度对权力路径的改良。中国学者也表达了对制度的关切，阎学通强调规范是秩序形成的核心条件，秩序的有无取决于制度的有无。⑤ 此外，建构主义学派认为秩序的建立取决于大国间的观念共识，⑥ 布尔同样信奉主观性的规范要素与制度对于建立和维持国际秩序的作用，但独特的是他认为以战争求和平也是建立秩序的路径之一。⑦

综上所述，"海洋秩序观"是基于实践形成的对海洋秩序的观念

---

① 亨利·基辛格：《世界秩序》，胡利平译，中信出版社，2015，第XVIII页。
② 肖晞：《国际秩序变革与中国路径研究》，《政治学研究》2017年第4期，第39页。
③ 罗伯特·基欧汉：《霸权之后：世界政治经济中的合作与纷争》，苏长和、信强、何曜译，上海人民出版社，2012，第50页。
④ G. 约翰·伊肯伯里：《胜利之后：战后制度、战略约束与秩序重建》，严匡正译，上海社会科学院出版社，2021，第58-61页。
⑤ 阎学通：《无序体系中的国际秩序》，《国际政治科学》2016年第1期，第13页。
⑥ Alexander Wendt, *Social Theory of International Politics* (Cambridge: Cambridge University Press, 2003), pp. 246-312.
⑦ 赫德利·布尔：《无政府社会：世界政治中的秩序研究》，张小明译，上海人民出版社，2015，第59-66页。

偏好与顶层设计，具体表现为对海洋秩序构建主体、功能、实践路径的思考与安排。

二、中国海洋秩序观的内涵探究

中国海洋秩序观尚未被正式、系统地提出，但从中国官方的海洋论述以及"21世纪海上丝绸之路"倡议的具体实践来看，中国在海洋命运共同体理念的指导下，逐步形成了关于海洋秩序的系统认知。因此，本文将基于海洋秩序观的分析框架，并结合海洋命运共同体理念、中国官方海洋论述以及"21世纪海上丝绸之路"的政策实践概括提炼中国海洋秩序观的内涵。

（一）海洋秩序构建主体：多元开放、利益兼容

海洋秩序构建主体是秉持主观能动性参与海洋秩序构建且海洋诉求能得到一定尊重和满足的行为体，那么哪些行为体的海洋诉求应当被纳入秩序协调议程？什么类型的海洋利益可以被满足？回答以上疑问是探究海洋秩序构建主体的必答题。

1. 多元开放的海洋秩序构建主体

自地理大发现以来，西方海洋国家坚持以基于海洋实力结构与进程的海权大国作为海洋秩序构建主体。但第三世界国家以及新兴市场国家的日渐崛起，尤其是《联合国海洋法公约》的问世，国际海洋格局逐渐改变，多元国家秉承多边主义参与海洋秩序构建成为大势所趋。然而，随着人类海洋实践的深化、复杂化以及海洋要素的全球化，主权国家这一单一维度的海洋秩序构建主体在建设科学合理的海

洋秩序上越发捉襟见肘，难以为继。海洋秩序的构建需关注非国家行为体的力量，实现"由上到下"与"由下到上"构建模式的双向互动。

中国海洋秩序观秉持多元秩序主体观。首先，中国在"上层建筑"领域明确提出要坚持"开放合作"原则，强调"一带一路相关的国家基于但不限于古代丝绸之路的范围，各国和国际、区域组织均可参与"。① 其次，中国"21 世纪海上丝绸之路"倡议自诞生即打破了主权国家的桎梏，以开放包容的姿态与"政府间组织""非政府间组织"以及"公民社会"等多层次秩序主体共同砥砺前行。截至 2021 年 11 月 23 日，中国已与 141 个国家和 32 个国际组织签署了 207 份"一带一路"合作协议；② 并在国际性海洋法律法规的框架下，以域内或域外国家身份广泛参与区域性海洋合作组织。到 2018 年 7 月，中国建立了 8 个海内外合作平台，承建了 13 个国际组织在华中心。③ 此外，中国亦积极推进各类"民心相通"项目，例如，创办"一带一路"绿色发展国际联盟、推进中外合作办学、建立南非"汉语桥"俱乐部以及为沿线国家提供抗疫疫苗与物资等，旨在加强沿线国家公民社会的

---

① 《推动共建丝绸之路经济带和 21 世纪海上丝绸之路的愿景与行动》，新华网，2015 年 3 月 28 日，http://www.xinhuanet.com/world/2015-03/28/c_1114793986_2.htm，访问日期：2021 年 6 月 10 日。

② 《已同中国签订共建"一带一路"合作文件的国家一览》，中国一带一路网，2021 年 11 月 26 日，https://www.yidaiyilu.gov.cn/xwzx/roll/77298.htm，访问日期：2021 年 11 月 29 日。

③ 周超：《中国海洋事业改革开放 40 年系列报道之国际合作篇》，中华人民共和国自然资源部，2018 年 7 月 9 日，http://www.mnr.gov.cn/zt/zh/ggkf40/201807/t20180709_2366681.html，访问日期：2021 年 6 月 14 日。

信任与凝聚力。① 基于此，中国海洋秩序观在秩序构建主体上充分地展现了对多元主体的兼容并包。

2. 利益兼容的海洋秩序构建主体

赫德利·布尔认为共同的利益观念是维持国际秩序的要素之一。② 由此观之，秩序行为体间的共同利益越广泛且兼容，秩序则越稳定。美国及其盟友治下的海洋霸权秩序，仅关注于霸权护持以及盟国内海洋利益的平衡；而《联合国海洋法公约》因囿于全球普适性而主要着眼于海洋主权化问题。以上两种秩序能够调节的利益范畴极为狭窄，迫使各国为实现个性海洋利益而诉诸自助。因此，如何协调主体间日益多元且锐意进取的海洋诉求，是当下海洋秩序亟待解决的问题。

"21 世纪海上丝绸之路"中的"共商、共建、共享"原则展现了中国重视对海洋秩序主体间个性化利益的调节。"共商、共建、共享"在原则上兼顾各方利益和关切，旨在寻求利益契合点与合作最大化公约数，发挥各自之所长。"共商、共建、共享"原则作为合作形式上的创新，既要求双方行为体在发展意愿上相向而行，又兼顾到双方发展目标的差异以及利益的互补。

---

① 参见《"一带一路"绿色发展圆桌会暨绿色联盟 2021 年政策研究专题发布活动在京举办》，中国一带一路网，2021 年 10 月 27 日，https://www.yidaiyilu.gov.cn/xwzx/gnxw/193828.htm，访问日期：2021 年 11 月 28 日；赵静：《教育部批准青海省首个中外合作办学项目》，中国一带一路网，2021 年 11 月 16 日，https://www.yidaiyilu.gov.cn/xwzx/dfdt/198835.htm，访问日期：2021 年 11 月 28 日；吕天然：《"汉语桥"俱乐部在南非成立》，中国一带一路网，2021 年 11 月 28 日，https://www.yidaiyilu.gov.cn/xwzx/hwxw/201801.htm，访问日期：2021 年 11 月 29 日；孙广勇：《中国第 9 批援东帝汶医疗队抵达东帝汶》，中国一带一路网，2021 年 10 月 25 日，https://www.yidaiyilu.gov.cn/xwzx/hwxw/193198.htm，访问日期：2021 年 11 月 28 日；吉莉：《中国政府援助卢旺达第二批新冠疫苗完成交接》，中国一带一路网，2021 年 11 月 8 日，https://www.yidaiyilu.gov.cn/xwzx/hwxw/196500.htm，访问日期：2021 年 11 月 28 日。

② 赫德利·布尔：《无政府社会：世界政治中的秩序研究》，张小明译，上海人民出版社，2015 年，第 59-60 页。

在"共商、共建、共享"原则指导下，中国"21世纪海上丝绸之路"与沿线多元海洋主体间形成了涉及多维领域的个性化合作项目。譬如，中国与荷兰的海上风力发电合作，与印尼、哈萨克斯坦、伊朗等国的海水淡化合作；[①] 中国与部分非洲及小岛屿国家开展大陆架调查、联合海洋环境监测站建设等海洋合作项目；[②] 中国与国际海事组织（IMO）合作助力丝路沿线发展中国家培养海运人才和加强能力建设；等等。以上合作项目均折射出合作方的特殊利益需求，展现了对海洋秩序构建主体间个性化利益的包容与尊重。因此，纳入对秩序构建主体利益的包容性是中国倡导的海洋秩序观的创新之举。

（二）海洋秩序功能：命运与共的有序态势

海洋秩序功能旨在回答海洋秩序应当实现什么样的海洋关系态势。当前，《联合国海洋法公约》重点解决海洋自由与海洋主权化的冲突，在应对海洋非传统安全问题时缺乏灵活性；美国主导的"自由航行"秩序的霸权护持功能愈加清晰，其合法性受到越来越多的质疑。因此，关于海洋秩序功能归依何处的讨论正逐步展开。

面对海洋秩序的现实困境，中国提出"海洋命运共同体"理念。关于海洋命运共同体的具体内涵，学界往往从国际法视角、中国"天下观""和合观"等传统文化视角、强调人类共同利益的全球治理视

[①] 《"一带一路"建设海上合作设想》，新华网，2017年6月20日，http://www.xinhuanet.com/politics/2017-06/20/c_1121176798.htm，访问日期：2021年6月21日。

[②] 金昶：《托起蓝色希望——中国海洋事业改革发展40年综述》，中华人民共和国自然资源部，2018年12月18日，http://www.mnr.gov.cn/dt/ywbb/201812/t20181218_2379783.html，访问日期：2021年6月26日。

角以及"人类命运共同体"的延伸视角来进行解析。① 然而,海洋命运共同体中也蕴含着对海洋秩序的功能安排,具有海洋秩序视角下的内涵价值。海洋秩序重点调节各要素间的关系态势,而海洋命运共同体理念蕴含着普遍联系思维以及整体性思维,其内在地要求"人海间秩序""陆海间秩序""海洋国家间秩序"以及"海洋各层次主体间秩序"形成荣辱与共、休戚相关的有序态势,并最终促进海洋命运共同体的建立。其具体表现如下。

1. 人海间秩序——形成人海可持续共生态势

在首次提出海洋命运共同体理念之际,中国国家主席习近平就提出,"我们要像对待生命一样关爱海洋……要持续加强海洋环境污染防治,保护海洋生物多样性,实现海洋资源有序开发利用,为子孙后代留下一片碧海蓝天"。② 因此,海洋命运共同体理念内在地蕴含了人海和谐观。海洋生物以及海洋非生命体虽不具有如人类般的认识能力,但其正以前所未有的广度和深度影响着海洋场域内的世界。③ 人

---

① 参见冯梁:《构建海洋命运共同体的时代背景、理论价值与实践行动》,《学海》2020年第5期;吴蔚:《构建海洋命运共同体的法治路径》,《国际问题研究》2021年第2期;孙超、马明飞:《海洋命运共同体思想的内涵和实践路径》,《河北法学》2020年第1期;程时辉:《当代国际海洋法律秩序的变革与中国方案——基于"海洋命运共同体"理念的思考》,《湖北大学学报(哲学社会科学版)》2020年第2期;姚莹:《"海洋命运共同体"的国际法意涵:理念创新与制度构建》,《当代法学》2019年第5期;陈杰:《海洋命运共同体视角下的中国海洋公共外交》,《太平洋学报》2020年第7期;马金星:《全球海洋治理视域下构建"海洋命运共同体"的意涵及路径》,《太平洋学报》2020年第9期;金永明:《论海洋命运共同体理论体系》,《中国海洋大学学报(社会科学版)》2021年第1期。

② 李学勇、李宣良、梅世雄:《习近平集体会见出席海军成立70周年多国海军活动外方代表团团长》,新华网,2019年4月23日,http://www.xinhuanet.com/politics/leaders/2019-04/23/c_1124404136.htm,访问日期:2021年7月2日。

③ 张景全:《"海洋命运共同体"视域下的海洋政治研究》,《人民论坛》2019年第S1期,第110页。

类对海洋生命资源以及海洋非生命资源的开发与利用应以尊重自然规律为基本准则，实现人与海洋的可持续共生态势。

2. 陆海间秩序——互联互通，陆海合作

海洋犹如一条纽带将各国人民连接成命运与共的整体，海陆间命运与共是海洋命运共同体的重要内涵之一，海洋命运共同体理念要求海陆之间形成互联互通的合作态势。不仅如此，为打破海陆对抗现状，"21世纪海上丝绸之路"与"丝绸之路经济带"在实践上也进行了多方联动，展现出中国超越"陆海二分"，构建海陆互联互通，海陆合作秩序的顶层设计。

3. 海洋国家间秩序——建立蓝色伙伴关系

海洋国家间的命运与共是海洋命运共同体理念的题中应有之义，而"蓝色伙伴关系"则是海洋国家间命运与共的具体表现。建立"蓝色伙伴关系"，在经济上是指通过加强海上互联互通建设，以海上科技创新为推动力，促进各国间海洋资源开发以及海外贸易的蓬勃发展；在海洋安全上是指各国秉持"共同、综合、合作、发展"的新安全观，平等享有安全权利，坚持传统与非传统海洋安全并举，形成"合作、发展、安全"间的良性互动。在海洋文化上是指绚烂多彩的海洋文化间应处于包容互鉴、求同存异的平等地位，并在"权利"维度平等分配海洋文化话语权；在海洋政治上是指各国应于海洋控制、发展以及治理上形成基于国际法和国际规则的互信合作关系。

4. 海洋各层次主体间秩序——构建平等地位

"共商、共建、共享"是海洋命运共同体理念的核心原则，其回答了海洋各层次主体间应构建权利平等的秩序。非平等则无以谈命运与共，但多元却并不必然代表各主体可平等地参与海洋秩序建设。在无政府的国际环境下，主权国家仍掌握着强执行力和强话语权；而主权国家与政府间组织相较于全球公民社会，亦占据着高度组织化的优势，不同层次的行为主体间仍存在着等级性。而"共商、共建、共享"则旨在打破主体间等级制现状，重点保障海洋秩序各类主体间的话语平等、规则平等以及结果平等，以实质上的平等性来代替等级性。

"命运与共"的海洋关系作为海洋秩序观的功能导向，具有深刻的时代背景和深厚的文化根基，随着时代的变革，其内涵将不断拓展与创新，并为海洋命运共同体这一最终目标的实现提供助力。

（三）海洋秩序实践路径：海陆统筹下的合力

中国倡导的海洋秩序观在实践路径上需保障多元主体间平等地参与海洋秩序建设，并打造命运与共的海洋有序状态。鉴于中国海洋秩序观的主体与功能、"一带一路"的具体实践和中国官方的顶层设计，中国海洋秩序观逐渐形成了海陆统筹的实践路径。首先，中国海洋秩序观对各方关系的重视与协调要求采取"统筹"的实践路径；其次，党的十九大报告提出中国要坚持海陆统筹，明确地将其视为总领海洋发展的原则与路径；最后，中国"一路"和"一带"通过支点港口的连接已形成了海陆循环交会之势，展现了海陆统筹的发展格局。

海陆统筹并非"海陆兼顾、共同发展、齐头并进"，而是指整合海陆权资源，通过海陆力量的互助互补从而实现海陆交流与合作。海洋秩序的建设不仅事关海权，亦离不开陆权的参与：第一，协调海陆权关系本就是海洋秩序有待解决的重要议题之一；第二，人类立足于陆地而取之于海洋，鉴于人类的纽带连接，海陆关系无法在空间上割裂;第三,当前海洋性法律制度往往从原始的陆地主权衍生而来;第四,科技的发展导致陆权呈现出崛起态势,海洋秩序的形成需借力于陆权。海陆统筹的实践路径具体表现如下。

1. 海陆贯通:维护海上航道畅通

运输作用是海洋的主要功能之一,其不仅承载着全球海洋贸易以及人员等要素的运输与流动,而且海洋互联互通也是打造"海洋命运共同体"的关键之举,没有互联互通则"命运与共"无从谈起。然而海洋航道要塞面临着非传统安全、大国海洋战略博弈以及突发性事件等因素的威胁,成为国际海洋合作以及海洋贸易发展的拦路虎。

中国的海洋实践历史、"和平崛起"的现实目标以及"海陆复合"的地理条件,要求中国倡导的海洋秩序观并不过度依赖海上军事力量,而是借助逐步崛起的陆路交通,通过国际性港口或门户港口与海上航线相接,以规避海洋要塞,使陆地成为真正的"世界岛",并进一步保障和促进海洋经济的发展。近年来,中国已与"21世纪海上丝绸之路"沿线国家共商共建了诸多港口,如希腊的比雷埃夫斯港、巴基斯坦的瓜达尔港、斯里兰卡的汉班托特港、缅甸皎漂港等。这些港口打通了亚欧国家进入印度洋、北冰洋、大西洋等海域的通道,使亚欧大陆周边海洋连接为不可分割的整体。其中,建设中的瓜达尔港和皎漂港作为亚洲国家进入印度洋的新门户,亦能够缓解"马六甲困境"以及南海地区局势的不确定性,突破海上围堵与遏制。[1]

2. 海陆并举:繁荣海洋贸易经济

海洋贸易与经济不能只面对海洋国家,需要加强海陆互联互通,

---

[1] 王义桅:《"一带一路":中国崛起的天下担当》,人民出版社,2017,第18页。

海陆经济互动合作。习近平同志在2003年浙江海洋经济工作会议上就曾指出,"海洋经济是陆海一体化经济",发展海洋经济不能只见树木不见森林,而要"加强陆域和海域经济的联动发展,实现陆海之间资源互补、产业互动、布局互联,这是海洋经济发展的必然规律"。①《推动共建丝绸之路经济带和21世纪海上丝绸之路的愿景与行动》中也提出,要进一步加强区域互联互通,形成安全高效的海陆空通道网络,以此促进经济的共同繁荣。②

加强海陆互联互通有利于能够实现商品的最优配置以及运输方式的优化。服务于海上贸易并联通海陆的支点港口是获得全球资源的战略前哨,而区域性经济组织则进一步吸纳全球优质资源,辐射周边,形成海陆并举的贸易格局和运输格局。例如,中国与希腊比雷埃夫斯港口合作共建后,这个衰落的欧洲"南大门"重新焕发了光彩。2019年比雷埃夫斯港在集装箱吞吐量上跃升至地中海港口第一,全欧洲港口第四。③即使在新冠疫情期间,比雷埃夫斯港扩建的脚步也未停止。大量货物由比雷埃夫斯港经铁路达到中欧地区,大大地节约了运输时间和成本。

3. 海陆互助:助力全球海洋治理

近年来,海洋安全态势呈现为传统安全与非传统安全共同凸显的趋势。海洋大国间、老牌海洋国家间和新兴海洋国家间的海洋战略对

---

① 张燕、应建勇、裘一佼、翁浩浩、夏丹、杜博:《全面小康一个也不能少——习近平总书记在浙江的探索与实践·协调篇》,《浙江日报》2017年10月7日,http://zjrb.zjol.com.cn/html/2017-10/07/node_18.htm,访问日期:2021年7月10日。

② 《推动共建丝绸之路经济带和21世纪海上丝绸之路的愿景与行动》,新华网,2015年3月28日,http://www.xinhuanet.com/world/2015-03/28/c_1114793986_2.htm,访问日期:2021年7月13日。

③ 钱伯彦:《2019年比雷埃夫斯港营收增长12%吞吐量位列欧洲第四》,中国一带一路网,2020年5月28日,https://www.yidaiyilu.gov.cn/xwzx/hwxw/128372.htm,访问日期:2021年7月11日。

抗和冲突邃然激烈，海盗、海上走私、偷渡以及海洋自然灾害、环境恶化等威胁在全球范围扩散。海陆统筹下的海陆权合力有利于维护海上安全，推动海洋治理进程。

首先，海上要塞可借助陆地港口资源，为海上作业提供源源不断的供给。具有战略性地理意义的港口可以借助陆权优势，有效打击海盗和海上恐怖主义等行为，为往来船只提供补给和后勤支援，以及为海洋环境治理提供持续的观测与保护等。例如，2014年中国承建了吉布提多哈雷多功能码头，其一期工程于2017年顺利完工，并投入运营。① 该项目在2016年与吉布提就建设保障设施达成一致，主要用于修正补给和提供后勤保障，为中国的维和与护航、打击海盗以及海上人道主义救援等行动提供了坚实保障。②

其次，海洋生态保护需要依靠陆权的国内执行力，海洋的生态治理离不开基于陆权的国家行动力与权威。2016年联合国正式启动了《2030年可持续发展议程》，旨在号召各国为17个可持续发展目标采取积极的行动与措施。其中可持续发展目标14——"保护和可持续利用海洋和海洋资源以促进可持续发展"提出了具体要求，包括"预防和大幅减少各类海洋污染，特别是陆上造成的污染""有效规范捕捞活动""根据国内和国际法，保护至少10%的沿海和海洋区域"等。③

---

① 郭凯：《吉布提多哈雷港口项目竣工》，中国一带一路网，2017年5月31日，https://www.yidaiyilu.gov.cn/xwzx/hwxw/14927.htm，访问日期：2021年7月20日。

② 孙德刚、白鑫沂：《中国参与吉布提港口建设的现状与前景》，《当代世界》2018年第4期，第70-72页。

③ 《变革我们的世界：2030年可持续发展议程》，中国外交部网站，2016年1月13日，http://switzerlandemb.fmprc.gov.cn/web/ziliao_674904/zt_674979/dnzt_674981/qtzt/2030kcxfzyc_686343/201601/t20160113_9279987.shtml，访问日期：2021年7月18日。

由此可见，海洋污染治理"要从源头上有效控制陆源污染物入海排放"。① 以上目标均需基于国家内部的行政力量，促进陆地产业优化和转型升级，减少陆地污染排放。

海洋秩序建立在权力基础之上，海陆统筹实践路径不仅能够最大限度地汇聚各方力量，而且与多元开放的秩序构建主体以及"命运与共"的秩序功能相互契合。在统筹海陆的过程中，海洋秩序的构建主体得以拓展，海陆间的互联互通能够为"命运与共"创造地缘条件，海陆要素间的合作亦有助于建构"命运与共"的观念与规范共识。中国海洋秩序观秉持的构建主体、秩序功能以及实践路径相互统一、相互契合，共同致力于海洋命运共同体的实现。

三、中国海洋秩序观的远景展望

中国海洋秩序观具有广阔的未来，其生命力来源于丰富的理论意义、现实意义以及实践意义，不仅有利于推动中国海洋事业发展，而且有助于国际海洋秩序价值规范的建构，从而促进国际海洋秩序的科学合理化发展。

（一）推动建设中国海洋强国战略

中国海洋秩序观的构建对于推进中国建设海洋强国战略的重要作用主要体现在两点：其一，中国倡导的海洋秩序观作为海洋理念与海

---

① 《习近平主持中共中央政治局第八次集体学习并讲话》，中华人民共和国中央人民政府网站，2018年9月22日，http://www.gov.cn/xinwen/2018-09/22/content_5324654.htm，访问日期：2021年7月25日。

洋话语，是提升中国海洋软实力的目标之一；其二，中国海洋秩序观为海洋强国战略的发展提供了理论支持。

第一，中国倡导的海洋秩序观有利于提升中国海洋话语软实力。近年来，虽然中国海洋发展飞速，但国际话语影响力仍旧薄弱，国际海洋话语权格局仍呈现为"西强东弱"。甚至，出于对中国海洋崛起的恐慌，西方海洋联盟不断利用强话语权扭曲中国海洋理念与实践。增强中国海洋话语权的难度表现为其既要探索科学合理的海洋话语体系，又要突破西方"噪声污染"；既要展现中国海洋话语特色又要具备一定的国际通约性。中国倡导的海洋秩序观来自政府的顶层设计以及"21世纪海上丝绸之路"倡议的客观实践，并非凭空建立的空中楼阁，具有强有力的实践基础与理念底蕴。另外，中国倡导的海洋秩序观在分析框架上与西方国际关系主流理念进行了通约，聚焦于海洋秩序构建主体、秩序功能以及实践路径这三个构成要素；在内涵上则体现了中国整体性、全局性的思维方式以及万物生生不息、休戚与共的哲学底色，彰显了中国的独特智慧。因此，作为海洋话语体系的重要组成部分，中国倡导的海洋秩序观有利于增强海洋话语权，进而推动中国成为海洋软实力强国。

第二，中国海洋秩序观的提出有利于明确中国海洋强国战略的目标、责任以及原则。首先，促进当前国际海洋秩序朝着更加公正合理的方向发展是中国海洋强国战略的目标之一。中国建设海洋强国战略基于中国越来越外向型的经济发展模式，维护中国海外利益需不断推动国际海洋秩序的良性发展，解决中国与周边国家海洋利益争端、海洋战略通道的脆弱性以及岛链对中国的战略封锁。其次，鉴于中国海洋秩序观秉承命运与共的秩序功能，中国海洋强国战略不应囿于自身海洋发展，亦应承担合理范围内的国际责任，为国际社会提供公共产品。最后，中国海洋秩序观呈现出来的包容、开放特征应成为中国建设海洋强国战略的指导原则。海洋贸易的互利性以及海洋危机的无国界性要求中国加强与别国的合作，寻找利益的最大公约数，共同应对海洋安全危机。

中国海洋秩序观既是建设海洋强国的目标之一，也是建设海洋强国理念指导，对于整体推进中国海洋强国战略具有重要作用。

（二）中国海洋秩序观体现人类共同价值

当前，全球海洋正处于发展理念的十字路口。西方海洋秩序一度占据国际主导地位，其以西方海洋国家为构建主体，在主体性上具有排他性，重在维护同质性国家的小团体利益；在秩序功能上以美国和西方海洋国家联盟的霸权护持为己任；在实践路径上，以军事对抗和规则主导为核心。随着第三世界国家和新兴国家的海洋意识的崛起，西方海洋霸权秩序观因其排他性和自利性，正逐步丧失合法性以及对现实危机的解决力。因此，建立何种海洋秩序观，全球海洋治理道路何去何从成为时代主题。值此之际，中国海洋秩序观始终以海洋命运共同体理念所蕴含的"开放性"和"包容性"作为核心原则，为世界海洋秩序观的建构提供了中国智慧，体现了人类共同价值与规范。

首先，中国海洋秩序观在构建主体上展现出了主体开放观和利益包容观。中国海洋秩序构建对各海洋秩序主体呈现出开放姿态。而开放主体共建海洋秩序，则内在地要求尊重各方海洋主体的海洋利益，协调其海洋目标。然而各国的海洋利益是多元的，具有各自的利益特殊性，为了承载多元的开放主体，在利益的调节上则必然体现出包容性，允许共性利益和特殊利益都得到一定的调节。

其次，"命运与共"的海洋关系态势作为秩序功能映衬了互联互通、利益多元时代背景的发展趋势，呼应了海洋物理性和海洋社会性对包容开放的需求。全球正处于高水平的全球化进程当中，各海洋要素均处于深度互动之中，此为海洋的社会性；海洋的连通性、流动性以及不可分割性使得各海洋主体无法独善其身，此为海洋的物理性，二者皆集中于海洋命运共同体这一秩序功能之中。

最后，海陆统筹作为海洋秩序的实践路径，体现了海陆各要素之间的开放与包容。开放是指海陆国家间的互动交流，海陆权的开放合作以及海陆地理之间的互联互通；包容则是指海陆文化间的包容互鉴、海陆经济间的互利共赢以及海陆战略利益间的包容共存。只有开放包容的实践路径才能汇聚各方要素与力量，形成真正的命运共同体。

中国海洋秩序观不仅是中国海洋实践的理论指导，更是一种国际公共产品。中国海洋秩序观为世界海洋秩序观的建构提供了中国智慧，体现了人类共同价值，其中的包容性与开放性有利于改变国际海洋秩序中的排他性、自利性以及单边趋势。此外随着"21世纪海上丝绸之路"建设的逐步推进，中国海洋话语的逐渐提升，亦有助于推动国际海洋社会建立更加科学客观的海洋秩序观。

（三）推动国际海洋秩序的科学合理发展

当前，国际海洋社会呈现出了新的发展趋势，然而，既有的海洋秩序与海洋新趋势并未实现同步发展，因此在海洋危机管控、海洋治理上力有不逮。中国倡导的海洋秩序观敏锐地捕捉到了海洋发展新趋势,并与之相协调,推动当前海洋国际秩序朝着更加科学合理的方向迈进,而这也是建立海洋命运共同体的必经之路。

首先,海洋科技的进步拓宽了海洋利益的范畴,海洋利益从朴素的鱼盐之利、舟楫之便,到承载着海外贸易和殖民统治的自由航行,再到如今的海洋资源开发、主权之争以及软实力较量等,致使多元行为体间的利益竞合日趋激烈。且信息技术的发展导致主权国家的话语权在一定程度上流散,赋予了各海洋行为体阐明诉求的"话筒"。中国海洋秩序观坚持多元构建主体有利于汇聚各方海洋行为体的主观能动性,协调利益冲突,为海洋秩序带来坚实的合法性和稳定性。

其次,海洋系统各要素在全球化背景下正全面联动,海洋安全日益恶化,海洋治理困境日渐加深。21世纪是海洋的世纪,全球以海洋为载体和纽带,实现了市场、技术、信息、文化等各要素的紧密联系与合作,① 万物处于休戚相关的普遍联系之中。而人类对海洋事务的深入参与,也带来了大国海洋战略角逐日趋紧张、海洋安全形势愈加复杂、海洋治理困境逐步危急等一系列问题。多问题的耦合导致的全球性海洋危机正召唤着面向全球视角、超越国家利己主义的国际海洋秩序。

最后,人们对海洋的认知随着科学技术的发展而不断演进,从海洋的政治性、社会性认知角度逐步回溯到自然性和物理性认知角度。海洋时代以来,人们首先为海洋赋予了诸如海权、制海权、海洋战略、海洋主权、海洋贸易和海洋资源等政治和社会意义。然而,随着

---

① 李学勇、李宣良、梅世雄:《习近平集体会见出席海军成立70周年多国海军活动外方代表团团长》,新华网,2019年4月23日,http://www.xinhuanet.com/politics/leaders/2019-04/23/c_1124404136.htm,访问日期:2021年8月1日。

政治与社会属性对海洋生态的破坏程度加剧，海洋正面临着海洋环境和生态恶化的存续性危机。中国倡导的海洋秩序观将人海和谐作为重点内容，并且建立在海洋整体性、流动性以及不可分割性等物理特性之上，展现了对海洋物理性认知的回归。

中国海洋秩序观反映了海洋物理性与社会性的变化趋势，并在其内涵上做出了科学应对，有助于推动当前国际海洋秩序向更加科学、合理的方向迈进与革新。

四、结语

基于海洋命运共同体的理念指导和"21世纪海上丝绸之路"倡议的实践经验，中国倡导的海洋秩序观应时而生，其要求多元开放且包容个性化利益的构建主体，通过海陆统筹的路径打造命运与共的海洋关系态势，并最终实现海洋命运共同体。中国海洋秩序观的三个构成要素环环相扣、前后呼应，凸显了时代海洋需求与中国海洋诉求的结合，国际时代特征与中国理念特色的契合以及海洋秩序构建过程与结果的统一。建立公正稳定的海洋秩序既是打造海洋命运共同体的现实路径又是海洋命运共同体的目标之一。海洋秩序能够为海洋命运共同体的建设提供机制力量以及主体间合力，进而推动全球海洋善治；而海洋秩序追求的和谐海洋关系态势也是海洋命运共同体的题中应有之义。中国海洋秩序观的构建虽已具雏形，但仍任重道远。伴随着中国海洋实践在时间和空间上的深入，以及海洋国际社会和全球海洋生态系统的演变，中国海洋秩序观应不断走向科学、与时俱进，为世界海洋发展贡献中国智慧。